Heinrich Schröder

Elf Briefe über die Bürgerliche Freiheit als Beitrag zur Frage der deutschen Gewerbegesetzgebung

Heinrich Schröder

Elf Briefe über die Bürgerliche Freiheit als Beitrag zur Frage der deutschen Gewerbegesetzgebung

ISBN/EAN: 9783743684812

Hergestellt in Europa, USA, Kanada, Australien, Japan

Cover: Foto ©Suzi / pixelio.de

Weitere Bücher finden Sie auf **www.hansebooks.com**

H. Schröder:

Elf Briefe

über die

Bürgerliche Freiheit.

Als Beitrag
zu der Frage der deutschen Gewerbe-Gesetzgebung.

———————

Mannheim.
Druck und Verlag von J. Schneider.
1860.

Vorwort.

Den Anlaß zu vorstehenden, zuerst im „Mannheimer Anzeiger" veröffentlichten, Briefen gab eine Reihe von elf Fragen, welche von dem Großherzoglich badischen Handelsministerium in Betreff des Entwurfes eines Gewerbegesetzes zur öffentlichen Beantwortung vorgelegt wurden.

Sowohl diese Fragen als ihre Beantwortung sind ohne Beziehung auf speziell badische Verhältnisse und Interessen. Sie haben für alle deutschen Staaten die gleiche Bedeutung.

Wie immer diese Briefe beurtheilt werden mögen, so wird man doch nicht verkennen wollen, daß die Fragen, welche sie behandeln, beantwortet sind nicht ohne warmen Eifer für die Freiheit und Wohlfahrt des deutschen Bürgers, nicht ohne begeisterte Liebe zum deutschen Vaterlande.

Mannheim, den 20. November 1860.

Der Verfasser.

1.

Das großh. Handelsministerium hat in den zur Beantwortung vorgelegten Fragen in Betreff der Gewerbegesetzgebung unparteiisch die Gründe zusammengestellt, welche sowohl die Gegner als die Freunde der Gewerbefreiheit geltend machen. Obwohl man von einem einsichtsvollen Handelsministerium voraussetzen darf, daß ihm nicht unbekannt sei, daß Wissenschaft und Erfahrung übereinstimmend für die Gewerbefreiheit endgültig entschieden haben, so ist doch der Weg, welchen das großh. Handelsministerium eingeschlagen hat, um die Wünsche und Ansichten der Gemeinden, der Handelskammern, der Gewerbevereine und der Zünfte selbst, sowie die des gesammten Publikums und der Presse kennen zu lernen, äußerst anerkennenswerth und dankenswerth, denn man muß unserer Ansicht nach ein Volk wider seinen Willen nicht einmal glücklich machen.

Die Einführung der vollen und wahren Freiheit der Arbeit mit allen gesetzlichen Bedingungen, welche sie sonst noch mit sich bringt, ist unzweifelhaft eine der größten sozialen und wirthschaftlichen Wohlthaten, welche einem Volke erwiesen werden können; gleichwohl sind wir damit einverstanden, daß ein Volk nicht wider Willen mit Wohlthaten überschüttet werde. Ist dasselbe nicht bis zur Einsicht ihrer Nützlichkeit, ja Unentbehrlichkeit durchgedrungen, so ist es für diese Wohlthaten nicht reif. Von diesem Standpunkte aus danken wir es dem großh. Handelsministerium, daß es von sich aus nicht einmal die Gewerbefreiheit empfiehlt, sondern dies ganz der Intelligenz der Bürgerschaft selbst zu thun überläßt.

Nur mit Einer Gefahr ist dieses Verfahren unstreitig verbunden. Eine kleine Partei solcher, welche sich im Besitze zünf-
tiger vermeintlicher Vorrechte befinden und ihre Vorrechte, weil
sie denselben, wenn auch irrthümlich, einen großen Werth bei-
legen, nicht gerne opfern wollen, wird mit äußerster Rührigkeit
den Anlaß benützen, gegen die Gewerbefreiheit zu Felde zu ziehen; andererseits ist zu befürchten, daß die große einsichtsvolle
Mehrzahl lässig ist und ihre Wünsche nicht mit gehörigem Nach-
druck geltend macht. Es wäre sehr zu bedauern, wenn deßhalb
das wahre Interesse des Landes nicht die entsprechende Vertretung fände. Um so mehr halten wir uns für verpflichtet, die
von dem großh. Handelsministerium vorgelegten Fragen einer
eingehenderen Besprechung zu unterwerfen.

Wir beschränken uns für heute auf die erste Frage: „Verlangen die Verhältnisse des Großherzogthums eine Gewerbegesetzgebung, welche auf dem Grundsatz der Gewerbefreiheit beruht, oder entspricht denselben vielmehr eine gesetzliche Reform
des Zunftwesens?"

„Ueber die Nothwendigkeit einer neuen Gewerbegesetzgebung
für das Großherzogthum herrscht in allen betheiligten Kreisen
kein Zweifel mehr," Mit diesen Worten beginnen die jene Frage
begleitenden Bemerkungen. Fügen wir hinzu, daß dies in allen
Staaten der Fall ist, in welchen die wirthschaftliche Thätigkeit
noch nicht von allen Resten mittelalterlicher Beschränkung frei
gemacht ist. Kein einsichtsvoller Mensch in den vereinigten Staaten von Nordamerika, in England, Frankreich, Belgien oder der
Schweiz fühlt das Bedürfniß einer neuen Gewerbegesetzgebung,
weil diese Länder im Besitze der bürgerlichen Freiheit sind, welche
man mit den Namen der Gewerbefreiheit und Freizügigkeit zu
bezeichnen pflegt. Dagegen herrscht über die Nothwendigkeit einer
neuen Gewerbegesetzgebung in all den Ländern kein Zweifel in
welchen die bürgerliche und wirthschaftliche Freiheit durch irgend
welche gesetzliche Beengungen eingeschränkt ist. Leider gehören
hierhin fast alle deutschen Bundesstaaten; nur Nassau hat eine
gesunde wirthschaftliche Freiheit seit wenigen Wochen eingeführt;
Preußen dieselbe leider seit 1849 großentheils wieder vernichtet.

Es ist für uns Deutsche tiefbeschämend, während alle zivili-
sirten Nationen uns längst ein gesundes und vernünftiges Bei-

spiel gegeben haben, während die Wissenschaft längst für das Richtige entschieden hat, daß wir gleichwohl immer noch uns über die einfachsten Prinzipien vernünftiger wirthschaftlicher Gesetzgebung herumzanken müssen, und daß die Reste mittelalterlicher Thorheit und Barbarei noch immer wirklich Vertheidiger bei uns finden. Indessen lassen wir uns nicht abhalten, zum Tausendsten Male die falschen Einwürfe gegen die Wahrheit zu widerlegen. Man darf annehmen, daß die Consumenten gegen die wirthschaftliche Freiheit nichts einzuwenden haben. Der Handelsstand und der Stand der Fabrikanten, dem sie in seiner eigenen Thätigkeitssphäre im allgemeinen längst gewährt ist, wird die Freiheit der Bewegung auch Anderen gönnen, und so weit bis jetzt bekannt, hat sich derselbe überall günstig für sie ausgesprochen. Nur ein Theil des Gewerbestandes selbst, und zwar ein Theil der zünftigen Meister hat einen Schreck vor dem Namen Gewerbefreiheit, und er wird hierin unterstützt von einem großen Theile des Beamtenstandes, dessen Erziehung und Thätigkeit von Alters her so berechnet sind, daß sie die Anschauung erzeugen, als ob der gesellschaftliche Organismus ohne seine vormundschaftliche Fürsorge in allen Beziehungen wenn nicht verloren, doch übel berathen sei. Wenden wir uns zunächst an die Sorgen der zünftigen Gewerbsmeister und lassen wir ganz außer Acht, daß sie wahrscheinlich sämmtlich, wenn sie nicht bereits im löblichen Zunftverband nach tausend überstandenen Quälereien und Verdrießlichkeiten endlich aufgenommen wären, als ehrbare Gesellen und Arbeiter die entgegengesetzte Meinung haben würden. — Bei vielen Gewerbsmeistern besteht die lebhafte Befürchtung, „daß durch die mit dem System der Gewerbefreiheit hereinbrechende größere Konkurrenz ihr und ihrer Familien Nahrungsstand schwer gefährdet werde." Diese Befürchtung ist völlig unbegründet. Zunächst, wie mag man einen Nachtheil befürchten, wenn man dieselben Rechte erhalten soll, welche die Fabrikanten und Handelsleute bereits besitzen, unter deren drückender Konkurrenz man bis dahin gelitten hat, Rechte, die auch dem Landwirth niemals streitig gemacht worden sind, und die nur dem einzigen Stand der Handwerker bisher vorenthalten werden? Mit der Einführung der Gewerbefreiheit und Freizügigkeit sollen Niemandem Rechte genommen werden, vielmehr soll durch diesel-

ben das Grundrecht der Freiheit der Arbeit auch dem Handwer=
ker zurückgegeben werden. Der Handwerker, der dieselben Rechte
und Freiheiten wirthschaftlicher Thätigkeit hat, wie der Fabrikant
und Kaufmann, wird vielmehr allein mit dem letzteren wirklich
und erfolgreich konkurriren können. Wohlan, man gibt dieß
zu; aber man besorgt einen übermäßigen Andrang junger Hand=
werker zum Meistergeschäft, zum selbstständigen Handwerksbetrieb.
Auch diese Besorgniß ist unbegründet. Nicht nur weist die Sta=
tistik der Länder, in welchen Gewerbefreiheit seit langem besteht,
auf's Unwiderleglichste nach, daß die einzelnen Gewerbe in diesen
Ländern keineswegs durch selbstständige Unternehmer stärker über=
setzt sind, als in Ländern mit zünftigen Einrichtungen, sondern
die Erfahrung zeigt, daß selbst bei erstmaliger Einführung der
Gewerbefreiheit der Andrang zum selbstständigen Gewerbebetrieb
nicht größer ist, als er bis dahin war. So ist die Gewerbefrei=
heit, von einigen Verkehrtheiten, die dabei mit unterlaufen, abge=
sehen, seit einigen Monaten in Oesterreich in's Leben getreten,
und es geht aus den monatlichen statistischen Erhebungen, z. B.
in der Hauptstadt Wien hervor, daß die Anmeldungen zum selbst=
ständigen Gewerbebetrieb nicht zahlreicher sind, als unter der
Zunftverfassung. Die Erklärung für diese interessante Thatsache
liegt sehr nahe. Sie liegt darin, daß die gütige Natur es so
eingerichtet hat, daß der Mensch kein Narr ist! Zu einem Ge=
werbe, das übersetzt ist, in welchem eine übermäßige Konkurrenz
ein ehrliches Auskommen auch dem Fleißigen erschwert, drängt
sich nicht nur Niemand, sondern ein Theil der einem solchen
Gewerbe Angehörigen wendet sich unter der segenvollen Freiheit
von ihm ab und sucht eine einträglichere Thätigkeit auf; nur
unter der Zunftverfassung sind Alle verurtheilt, dabei zu
verharren, auch wenn sie das tägliche Brod nicht erwerben kön=
nen. Erdrückende Konkurrenz ist deßhalb nur unter der
Zunftverfassung auf die Dauer möglich; in der wirthschaftlichen
Freiheit steht das Interesse aller Einzelnen einem Uebermaß der
productiven Thätigkeit in irgend einer Richtung auf die Dauer
unbedingt im Wege, denn, die Freiheit Aller in der Wahl ihres
Nahrungszweiges stellt das Gleichgewicht bald wieder her. Es
mag sein, daß dem Einen oder Anderen durch Einführung der
Gewerbefreiheit ein bequemes und sicheres Einkommen, das er

bisher fand, verloren geht, weil ohne Verschiebungen in der Ver=
theilung wirthschaftlicher Produktion unnatürliche gesetzliche Ein=
richtungen nicht durch natürliche und vernünftige ersetzt werden
können; aber sehr wenige nur werden dieß zu erwarten haben,
und diese mögen sich vorsehen, wie es jeder Kaufmann thun
muß, wenn die Konjunkturen sich ändern. Im Allgemeinen je=
doch sollte jeder Gewerbsmeister die Erwerbung neuer Rechte, die
andere Gesellschaftsklassen schon haben, mit Freuden begrüßen,
und mit der zuversichtlichen Hoffnung, daß die bürgerliche
und wirthschaftliche Freiheit ihm selbst ebenso wie der Gesammt=
heit nur zum Vortheil ausschlagen könne.

Viele geben die Nothwendigkeit, die Unvermeidlichkeit der
Gewerbefreiheit als einer Konsequenz der neueren Kultur, der
Fortschritte der Mechanik, der Chemie, der Fabrikthätigkeit u. s. w.
zu, aber sie halten den „Sprung" „aus dem bisherigen in
das entgegengesetzte System für bedenklich, weil, wie überhaupt
im Leben, so auch in den staatlichen Einrichtungen nur der all=
mählige Fortschritt auf dem vorhandenen Boden zuträglich sei,
jeder unvermittelte Uebergang aber Gefahr bringe."

Es ist dies die doktrinäre Ansicht vieler Beamteten.
Der Gewerbsmeister, auch der, welcher der Freiheit mit Besorg=
niß entgegensieht, wird gewiß vor nichts größeren Respekt haben,
als vor dem doktrinären allmähligen Uebergang von der Un=
freiheit zur Freiheit. Er wird sich des guten Mannes erinnern,
der seinem Hund den Schweif abschneiden wollte, und um dem
armen Thierchen nicht zu wehe zu thun, ließ er ihm täglich nur
ein Stück abschneiden. Eine ähnliche Weisheit wäre jener all=
mählige Uebergang.

Nur in der wirklichen wirthschaftlichen Freiheit entfalten sich
alle die bewunderungswürdigen Kräfte, welche die Natur in den
gesellschaftlichen Organismus, und in den einzelnen Menschen
gelegt hat, und so lange noch irgend ein Zweig eines Baumes
vom Gärtner künstlich beschnitten oder angebunden wird, wächst
nicht der natürliche und gesunde Baum in seiner ursprünglichen
Schönheit.

Der Mensch ist von der Vorsehung gerade mit all den Ei=
genschaften, Neigungen, Trieben, Leidenschaften und Kunstanlagen
ausgestattet, wie sie erforderlich sind, um die Gesellschaft blühend

und mächtig über den Erdkreis. auszubreiten, und es bedarf dazu nur, daß diese Anlagen sich frei entfalten können, daß Person und Eigenthum geschützt seien. Wir staunen über die Größe menschlicher Leistungen, welche überall auf dem Boden der Frei= heit gedeihen; und nur in der Unfreiheit schleppt die Gesellschaft ein kümmerliches Dasein hin. Wir verstehen nicht, wir begreifen nicht, wie vom Falschen zum Wahren, wie vom Irrthum zur Einsicht, wie von der Thorheit zur Weisheit, wie von der Un= freiheit zur Freiheit ein allmähliger Uebergang möglich und rath= sam sein solle. Man gebe die wirthschaftliche Freiheit mit Allem, aber mit Allem was nothwendig damit verbunden ist, und der Segen wird nicht ausbleiben! Man gebe eine Reform der Zünfte, einen allmähligen Uebergang von einer wirthschaftlichen Zwangs= jacke zu einer andern minder drückenden Zwangsjacke, und der Unsegen der Bevormundung, der Druck der Zwangsjacke wird fortdauern.

Wir beschränken uns bei der ersten Frage auf diese allge= meinen Bemerkungen, da die folgenden Fragen Anlaß genug bieten, auf speziellere Verhältnisse einzugehen.

2.

Die zweite Frage des großh. Handelsministeriums lautet:

„Bleibt es nothwendig und thunlich, von dem neu angehen= den Gewerbsmann den Nachweis einer bei Meistern seines Ge= werbes zugebrachten Lehr= und Wanderzeit zu verlangen, und ihm eine Prüfung über die hierdurch erlangte Befähigung zum selbstständigen Gewerbsbetrieb abnehmen zu lassen?"

„Ist dieß bei allen Gewerben oder wenigstens bei denjenigen erforderlich, bei welchen durch ungeschickten Betrieb die Erreichung allgemeiner polizeilicher Zwecke gefährdet werden könnte?"

„Durch wen sollen die Meisterprüfungen abgenommen werden?"

Es wird zweckmäßig sein, in Beantwortung dieser Fragen zunächst die Angemessenheit oder Nothwendigkeit der Prüfungen in's Auge zu fassen, denn sollten diese als überflüssig, unaus= führbar und sogar schädlich erscheinen, so werden nicht mehr viele

Worte nöthig sein, um klar zu machen, daß ein vorgeschriebener Lehrweg und der Wanderzwang noch weniger im öffentlichen Interesse liegen. Nun ist es Thatsache, daß die bisher übli= chen Meisterprüfungen lediglich nichts anderes sind, als ein Mittel, den Zutritt zu den zünftigen Gewerben zu erschweren; sie haben unbedingt keinen anderen Zweck. Hätten sie, wie es von den Anhängern der Zunftverfassung vorgegeben wird, den Zweck, eine Garantie für die Kunstfertigkeit und Befähigung des Geschäftsunternehmers zu bilden, so würden die Meisterprüfungen nicht lediglich auf die zünftigen Gewerbe beschränkt sein. Man würde nicht als selbstverständlich betrachten, daß die Meisters= wittwen sie nicht abzulegen brauchen, auch wenn sie ihr Geschäft fortführen wollen. Man würde vom Schiffbauer ebenso wohl diese Garantie zu fordern haben, als vom Maurermeister; vom Maschinenbauer ebenso, und noch vielmehr, als vom Schlosser; vom Direktor einer Spinnerei und Weberei in viel weiterem Sinne als vom Schuster oder Schneider; der Möbelfabrikant und Seifenfabrikant hätte eine weit strengere Prüfung abzulegen, als der Schreiner und Seifensieder, der Tapetenfabrikant eine gründlichere und schwerere, als der Tüncher; wer Butter und Käse macht, müßte die Prüfung ebenso gut bestehen, als wer Brod bäckt. Der Landwirth und der Kaufmann müßte sie ebenso gut ablegen, als der Handwerker. Nichts von alledem ist der Fall. Niemandem ist bisher eingefallen, von den Schiffbauern und Maschinenbauern, von den Fabrikdirektoren, oder den Fabrikanten, vom Landwirth und vom Kaufmann, oder von dem Erzeuger von Butter und Käse eine Prüfung zu fordern. Kein Mensch hat erlebt, daß die Schiffbauer und Maschinenbauer, die Fabrikanten und Landwirthe ihre respektiven Geschäfte minder gut verstehen, oder in ihrer Art ungenügendere und schlechtere Arbeit liefern, als die Schlosser und Schreiner, die Schuster oder Schneider, die Bäcker oder Metzger. Jeder Aufmerksame wird vielmehr vielfach Gelegenheit gehabt haben, das Umgekehrte zu konstatiren. In den zünftigen Gewerben wird entschieden am schlechtesten gearbeitet, und nicht bloß, ungeachtet sie allein einer Prüfung unterliegen, sondern theilweise, weil sie einer solchen und einem vorgeschriebenen Lehrwege unterworfen sind; denn Söhne aus guten und wohl= habenden Familien und überhaupt begabtere Menschen werden es

der mit dem Lehr- und Wanderzwang und mit der Meisterprü=
fung verbundenen unwürdigen und nutzlosen Plackerei und
Chikane wegen in der Regel vorziehen, der Erlernung eines
zünftigen Gewerbes auszuweichen. Sie wählen einen anderen
Beruf, in welchem sich ihre Fähigkeiten frei entwickeln können,
und wenn irgend etwas geeignet ist, das zünftige Handwerk auf
eine niedere Stufe herabzudrücken, so ist es gerade dieser Lehr=
zwang und die Meisterprüfung.

Aber das Alles sind Mißbräuche wird man sagen, die durch
eine bessere Prüfungsmethode, als bisher üblich war, zu ersetzen
sind; immerhin ist es doch wünschenswerth, daß, wer ein Geschäft
unternehmen will, erst nachweise, daß er dazu befähigt sei. Wir
antworten darauf, das sind fromme, aber unausführbare
Wünsche, und es ist ein Glück, daß sie nicht ausführbar sind.
Zunächst kommt es bei dem Geschäftsunternehmer nur zum einen
Theil auf die Kunstfertigkeit an, aus welcher sich allenfalls eine
Probe ablegen läßt; in gleichem wenn nicht höherem Maße
hängt der Erfolg einer Unternehmung von Eigenschaften des
Charakters ab, über welche eine Prüfung schlechterdings nichts
entscheiden kann. Sparsamkeit und Nüchternheit, Fleiß und
Arbeitsamkeit, Ordnungssinn und Rechtschaffenheit, Strenge ge=
paart mit Wohlwollen und Milde gegen Untergebene, rechtzeitiges
und keckes Ergreifen günstiger Gelegenheiten, und doch Vermeiden
aller gefährlichen und extravaganten Wagnisse — das alles sind
Eigenschaften des Charakters, die noch weit mehr über den Er=
folg einer Geschäftsunternehmung entscheiden, als ein relativ
größerer oder kleinerer Grad von Kunstfertigkeit. Ueber all das
aber lehrt eine Prüfung nichts; ja ein möglichst gut geleitetes
Prüfungsverfahren würde nothwendig nicht selten gerade den
zu einer Geschäftsunternehmung Tüchtigsten durchfallen lassen,
und Anderen, irgend einer einseitigen Kunstrichtung wegen, denen
gleichwohl sonst alle nothwendigen Eigenschaften fehlen, die vor=
theilhaftesten Zeugnisse ausstellen. Es ergibt sich hieraus, daß
eine Prüfung, ob Jemand zu einer Geschäftsunternehmung be=
fähigt sei, im wahren Sinne des Wortes an sich nicht möglich
ist. Indeß, selbst wenn dieß der Fall wäre, bliebe sie praktisch
unausführbar.

Wie immer die Organisation eines gewerblichen Prüfungs=

wesens wohl und gut ausgedacht sein mag, sie wird immer hin=
ter den unendlich mannigfaltigen Anforderungen des praktischen
Lebens zurückbleiben. Wer will die Abstufungen im Befähigungs=
nachweise richtig treffen, die allen Verhältnissen des Lebens ent=
sprechen? Soll nur der Zimmermann, der alle Arten von
Brücken, Thürmen, Treppen und Dachstühlen zu konstruiren
versteht, also der eigentliche hochgebildete Baumeister die Erlaubniß
haben, dem Bauer einen Schweinestall aus Brettern zusammen=
zunageln? oder soll derjenige, der das letztere versteht, und sich
dazu vortrefflich eignet, den Titel Zimmermeister oder Baumeister
führen? Wo ist die Grenze zwischen den niedrigsten und höch=
sten Anforderungen an eine Kunst? Soll der Tüncher die
Malerschule besuchen, oder soll der Frescomaler das Tüncherexamen
bestehen? wo ist die Grenze für das Geschäft des einen und des
anderen? Ist es nicht gerade der Verkehrtheit des Lehrzwanges
und der Meisterprüfungen zuzuschreiben, daß sich alle wahre
Kunstbildung, alles höhere und edlere Kunststreben streng isolirt
und scheu vom Handwerk zurückgezogen hat, mit dem es ur=
sprünglich Eins war?

Selbst diejenigen aber, welche trotz alledem die Zwangs=
prüfungen noch zu irgend etwas für gut halten, sie werden doch
gestehen müssen, daß es Jedem freistehen sollte, sich seine Kennt=
nisse und Fertigkeiten zu erwerben, wann, wie und wo er will,
und daß die Vorschrift eines bestimmten Lehrwegs, und gar des
Wanderns, ein Eingriff in die persönliche Freiheit des jungen
Handwerkers ist, der sich durch keinerlei Vorwand auch nur be=
schönigen läßt. Wir halten es für unnöthig, die unzähligen Miß=
bräuche zum hundertsten Male wieder aufzuzählen, zu welchen
Lehr= und Wanderzwang überall geführt haben, und nothwendig
führen müssen. Man hebe sie auf, auch im sittlichen Interesse,
so schnell wie möglich!

Wir müssen noch auf einen anderen Nachtheil aufmerksam
machen, der damit verbunden ist, wenn das Recht des selbst=
ständigen Gewerbebetriebs von der Ablegung einer Prüfung ab=
hängig gemacht wird. Eine der segensreichen Wirkungen der
vollen und ganzen Freiheit der Arbeit besteht gerade darin, daß
jeder Einzelne ein Geschäft, in welchem es ihm nicht gut geht,
wieder verlassen und dafür ein anderes ergreifen kann, daß der

Einzelne nach Bedürfniß auch mehrlei Geschäfte zugleich betreiben kann, wenn das Eine ihn nicht vollständig ernährt. Dieser wesentliche Vorzug der Gewerbefreiheit gienge gänzlich verloren, wenn in solchen Fällen jedesmal neue Prüfungen vorgeschrieben wären. Die Zwangsprüfung, d. h. die Prüfung, insofern das Recht der Geschäftsunternehmung an dieselbe geknüpft wird, ist daher unbedingt zu verwerfen.

Man wird einwenden, es gibt Berufsrichtungen, wie des Arztes, Apothekers, Advokaten u. s. w., bei welchen sie allgemein als nothwendig erkannt wird. Wohlan, dann braucht man sie nicht vorzuschreiben. Wenn sich doch Jedermann nur an geprüfte Aerzte, Apotheker und Advokaten wenden wird, so werden ungeprüfte sich nicht etabliren, oder es wird dieß wenigstens nur in seltenen Ausnahmsfällen vorkommen. Uebrigens ist auch in dieser Beziehung die Sitte eine höchst verschiedene in verschiedenen Ländern oder Gegenden. So ist z. B. in Hamburg die Advokatur ein völlig freies Gewerbe. Wer sich als Advokat etabliren will, hat sich einer Prüfung nicht zu unterwerfen. Man hat nicht gehört, daß die Rechtsgeschäfte der Privaten in Hamburg minder gut besorgt seien, als in anderen Städten. Die Zahl der Aerzte, Advokaten und Apotheker ist übrigens im Verhältniß zur Zahl aller übrigen gewerblichen Berufsarten so klein, und der Beruf derselben fordert so sehr eine wissenschaftliche Ausbildung, daß wir, wenn auch nicht damit einverstanden, doch kein so großes Gewicht darauf legen, wenn man für diese Berufsarten eine Zwangsprüfung noch beibehalten will.

Für alle übrigen Geschäfte mag man Gelegenheit geben, daß wer es will, sich einer strengen vom Staate oder einer Gesellschaft geleiteten Prüfung unterziehen kann, um sich das Zeugniß derselben zu seiner persönlichen Empfehlung zu erwerben. Nur in diesem Sinne sind Prüfungen zu billigen; und nur in diesem Sinne hat auch in dem praktisch denkenden England die große Society of arts Prüfungen, z. B. für alle Bauhandwerker eingerichtet, zu welchen sich eine jährlich steigende Zahl derselben freiwillig meldet. Solcher Prüfungen Freunde sind auch wir! Sie haben nur gute Folgen; dem Publikum steht es frei, geprüfte Meister den ungeprüften vorzuziehen; jeder Einzelne kann sich die Empfehlung erwerben, die mit bestandenem Examen ver-

bunden ist. In keiner Weise aber wird bei der ganzen Einrich=
tung irgend ein Eingriff gemacht in die wirthschaftliche Freiheit
der Gesammtheit oder der Einzelnen, und diese Freiheit ist allein
der Boden, auf welchem aller Segen aufblüht.

3.

Die dritte Frage des großh. Handelsministeriums lautet:
„Soll der Gewerbsmann, um ein Geschäft selbstständig be=
ginnen zu dürfen, ein gewisses Alter erreicht haben?"

„Daß derjenige," wird dabei bemerkt, „welcher ein Geschäft
selbstständig beginnen will, überhaupt vertragsfähig sei, also in
der Regel das Alter der Volljährigkeit (im Großherzogthum 21
Jahre) erreicht haben müsse, wird als selbstverständlich von Allen
anerkannt. Verschiedene Ansichten aber bestehen darüber, ob
dieses Alter genüge, oder ob nicht weiter gegangen und etwa ein
Alter von 25 Jahren gefordert werden solle."

Man macht hierfür geltend, daß mit dem Alter von 21
Jahren Verstand und Charakter in der Regel nicht die gehörige
Reife haben, daß namentlich die nothwendigen Lebenserfah=
rungen noch nicht gemacht seien, welche zu einem gedeihlichen
selbstständigen Betriebe eines Gewerbes erforderlich seien. Wir
theilen vollkommen die Meinung, daß dieß in der Regel der
Fall ist. Unserer Ansicht nach folgt jedoch hieraus nur, daß es
im allgemeinen wünschenswerth, daß es für den Einzelnen rath=
sam und klug sei, nicht in unreifem Alter schon ein Geschäft
zu beginnen; nicht aber folgt daraus, daß man die jedem Ein=
zelnen anzuempfehlende Vorsicht und Klugheit durch eine polizei=
liche Verordnung oder eine gesetzliche Bestimmung überflüssig
machen könne und solle, welche die freie Entschließung und das
Recht Aller beschränkt. Unstreitig gibt es auch Viele, welche
mit dem Alter der Volljährigkeit schon die nöthigen Fähigkeiten
und Eigenschaften des Charakters in entschiedener Weise ent=
wickelt haben; es sind dies oft gerade die tüchtigsten und fähig=
sten Menschen. Sollen nun die Fähigeren durch eine gesetzliche
Bestimmung in ihrer Laufbahn aufgehalten werden, lediglich,
weil die durchschnittliche Begabung der Menschen eine mindere

ist? Auch für die Minderbegabten würde indeß eine solche Be=
stimmung nachtheilig sein, weil es unzählige Geschäfte gibt,
welche eine größere Reife, als im Alter von 21 Jahren gewöhn=
lich erworben ist, durchaus nicht fordern. Bei völlig freier Ent=
wicklung der produktiven Thätigkeit läßt sich keine Art von Ge=
schäft unter irgend eine allgemeine Schablone bringen. Während
das eine so viel Umsicht erfordert, um der ganzen Erfahrung
eines reifen Mannes zu bedürfen, wird ein anderes verwandtes
unter so einfachen Verhältnissen und mit so einfachen Hülfs=
mitteln betrieben, daß füglich der 17= oder 18jährige Jüngling
schon ihm vorzustehen vermöchte. Wir meinen selbstverständlich
nicht, daß man deßhalb unter das Alter der Volljährigkeit her=
abgehen solle. Aber überlasse man doch jedem Volljährigen, jedem
dispositionsfähigen Menschen für sein Wohl selbst zu sorgen, die
nöthige Vorsicht und Klugheit selbst anzuwenden. Jeder ist am
besten sein eigener Vormund, und wer sich selbst ein schlechter
Vormund ist, dem hilft die staatliche oder polizeiliche Be=
vormundung doch nichts.

Daß übrigens auch der Forderung, die Erlaubniß zum
selbstständigen Betrieb eines Geschäftes solle nicht vor einem
Alter von 25 Jahren ertheilt werden, weit weniger der Zweck,
nur reifere Charaktere zum Geschäfte zuzulassen, als vielmehr
wieder lediglich die Absicht zu Grunde liegt, den Zutritt zu den
zünftigen Gewerben zu erschweren, geht, wie bei der Meister=
prüfung, wieder unwiderleglich daraus hervor, daß es keinem
Menschen einfällt, diese Forderung auch für den Betrieb der
Landwirthschaft oder der Fabrikindustrie geltend zu ma=
chen. Gleichwohl umfaßt die Landwirthschaft die unentbehr=
lichsten aller produktiven Thätigkeiten und ihre erfolgreiche
Ausübung macht weit höhere Ansprüche an Befähigung und
Lebenserfahrung des Ausübenden, als die Mehrzahl der Hand=
werke. Es sind wieder nur die zünftigen Kreise, welche auch
nach diesem staatlichen Eingriffe in die freie Selbstbestimmung
der Einzelnen Verlangen tragen.

Wenn das Bürgerrechtsgesetz in der Regel nicht vor dem
25. Lebensjahre den Antritt des Bürgerrechts gestattet, so wollen
wir hier unentschieden lassen, ob diese Bestimmung desselben eine
zweckmäßige ist; jedenfalls ist sie weit berechtigter durch die Rück=

sicht, daß nur das Alter berufen ist, zu rathen, die Jugend aber zu Thaten. Auch ist es nicht von wesentlichem Nachtheil, wenn die politischen Bürgerrechte bis zu einem reiferen Alter vorenthalten werden. Es stört dagegen die ganze natürliche Entwicklung des Gesellschaftsorganismus, wenn die wirthschaftlichen Grundrechte einer künstlichen Beschränkung unterliegen.

Wenn das Landrecht dieses reifere Alter, wenigstens bei Mannspersonen, auch für die Verehelichung fordert, so dürfte wohl hierin gleichfalls eine zu weit gehende vormundschaftliche Fürsorge des Gesetzes, die nicht ohne schwere Eingriffe in die persönliche Freiheit bleibt, erkannt werden.

In einzelnen Fällen, und wir haben solche nicht selten kennen gelernt, werden solche gesetzliche Bestimmungen von unerträglicher Härte. Denken wir uns einen jungen Gewerbsmann von 21 bis 23 Jahren. Die Mutter ist schon länger todt; auch der Vater ist gestorben. Der junge Mann, vollkommen ausgebildet und befähigt, darf sein eigen ererbtes Geschäft nicht führen, weil er nicht 25 Jahre alt ist; er muß es verkaufen, oder fremden Händen anvertrauen. Ein anderer hat sich eine Lebensgefährtin gewählt; er hat sich in jugendlichem Feuer hinreißen lassen, er hat ein Kind; er will ein rechtschaffener Ehemann und Vater sein, aber er darf weder sein Geschäft übernehmen, noch heirathen, weil er nicht 25 Jahre alt ist! Man wird hier einwenden: „Für Ausnahmsfälle könne durch Dispensation von der gesetzlichen Regel geholfen werden." Wir meinen hingegen, daß eine gesetzliche Vorschrift, von der man voraus weiß, daß sie in einer Reihe von Fällen nicht gehandhabt werden darf, wenn sie nicht schädlich und grausam werden soll, wir meinen, daß eine solche gesetzliche Vorschrift niemals gegeben werden sollte; und wenn man vollends die Ausnahmsfälle, weil sie sich nicht erschöpfend vorausbestimmen lassen, nicht gesetzlich feststellt, so bleibt sodann alles dem ungenügenden und schwankenden Ermessen der Verwaltung anheimgestellt! Man sagt, es werde durch eine solche Bestimmung, wonach das Gesetz den Gewerbsmann nicht früher sein Geschäft eröffnen läßt, als er heirathen darf, dem Concubinat entgegengewirkt. Wer sich jedoch überzeugen will, wie unwahr diese Behauptung ist, der braucht nur z. B. die Statistik der ehelichen und unehelichen Geburten

— 18 —

in Altbayern und Rheinbayern zu vergleichen; in Altbayern ist
durch Zunftgesetze und Zubehör gegen das Concubinat Vorsorge
getroffen, in Rheinbayern nicht. Wir enthalten uns, die Zahlen
beizubringen, welche lehren, wie diese Vorsorge auf der einen
Seite wirkt; wir begnügen uns, zu konstatiren, daß auch in dieser
Beziehung die freie Selbstbestimmung der Menschen sich überall
glänzend bewährt hat, während die staatliche oder polizeiliche
Vormundschaft wie fast in allen wirthschaftlichen Dingen so
auch hier sicher das Gegentheil von dem bewirkt, was damit be-
absichtigt wird.

Man macht endlich für obige Vorschrift wieder geltend, daß
das Kleingewerbe nicht gedeihen kann, wenn ihm seine Hülfs-
kräfte zu frühe entzogen werden. Die Sorge ist überflüssig!
Man kann sich darauf verlassen, wer ein Geschäft eröffnen will,
geht erst mit sich zu Rathe, ob er Aussicht auf Erfolg hat. Mit
der bloßen Freiheit es zu können, ist noch nicht jede Schwierig-
keit gehoben. Zum selbstständigen Betrieb eines Geschäftes gehören nicht nur Kenntnisse und Erfahrungen, sondern auch Vermögen oder Ersparnisse, und Kredit; öffentliches Vertrauen und Kunden muß sich überdieß der Anfänger auch erst
erwerben. Es ist deßhalb keine ängstliche Sorge nöthig, daß
das Eine wie das Andere gar zu vielen jungen Handwerkern
allzufrüh zufallen möchte. Zudem steht auch noch die Militär-
pflichtigkeit im Wege; so daß wir dächten, der natürlichen
und unvermeidlichen Erschwerungen des Beginnens eines
selbstständigen Geschäftes seien mehr als genug, und man habe
nicht Ursache, noch künstliche Erschwerungen hinzuzufügen.

Fassen wir das Resultat dieser Erwägungen zusammen, so
geht es dahin:

Für eine Reihe von Geschäften ist es zwar wünschenswerth,
daß sie nicht vor einem reiferen Alter selbstständig betrieben oder
unternommen werden; aber man hat die Sorge, daß dieß nicht
geschehe, der Einsicht und dem Interesse der produzirenden Klassen
selbst zu überlassen.

Gesetzlich soll dem selbstständigen Geschäftsbe-
trieb mit dem Alter der Volljährigkeit nichts im
Wege stehen.

4.

„Ist der Besitz des Gemeindebürgerrechts für eine nothwendige Voraussetzung des selbstständigen Gewerbebetriebes zu erklären?"

„Genügt hierfür das angeborne Bürgerrecht, oder muß das volle Bürgerrecht förmlich angetreten, beziehungsweise erworben sein?"

„Soll dem Gewerbsmann, welcher das Bürgerrecht in einer anderen Gemeinde, als derjenigen besitzt, in welcher er sein Geschäft betreiben will, die gewerbliche Niederlassung in der letzteren von der Ortsbehörde, und aus welchen Gründen untersagt werden dürfen?"

„Welche Gewerbsbefugnisse sind den sogenannten Insassen zuzuerkennen?"

Unsere Antwort auf diese Fragen ist:

Freizügigkeit und Freiheit der Arbeit sind untrennbare Begriffe. Die letztere hat ohne die erstere wenig Werth. Das Recht, sich an jedem beliebigen Orte des Vaterlandes niederzulassen, Eigenthum zu erwerben und von seinen Fähigkeiten und von seiner Arbeitskraft jeden rechtmäßigen Gebrauch zu machen, ist das erste und wichtigste Grundrecht jedes Staatsbürgers. Alle Bestimmungen, welche dieser Grundbedingung bürgerlicher Freiheit und öffentlicher Wohlfahrt in irgend einer Weise beschränkend oder erschwerend im Wege stehen, sind unbedingt zu verwerfen.

Dieß Recht muß allen Staatsbürgern zustehen, unabhängig von den gesetzlichen Bestimmungen, durch welche die Heimathberechtigung und das politische Ortsbürgerrecht geregelt werden. Es ist zwar wünschenswerth, daß das Bürgerrechtsgesetz eine Bestimmung enthalte, durch welche festgestellt wird, daß eine Gemeinde demjenigen, welcher eine Anzahl Jahre (drei bis sechs Jahre) in derselben Wohnsitz gehabt, und sich rechtschaffen und ehrbar ernährt hat, auch die Aufnahme in das politische Ortsbürgerrecht nicht mehr verweigern könne, wenn auch nur unter der Bedingung der Entrichtung derjenigen Taxe, welche als ein Aequivalent für den Mitgenuß an dem öffent-

lichen Gemeindevermögen, wenn ein solches vorhanden, zu be=
trachten ist; aber es ist eine solche Bestimmung doch nur von
untergeordneter Wichtigkeit. Das Wesentliche ist, daß das Recht
der freien Arbeit an jedem Orte des Landes von Heimathsbe=
rechtigung und politischem Ortsbürgerrecht nicht abhängig gemacht
werde. Es sind daher den Insassen wie den Ortsfremden
unbedingt alle Gewerbsberechtigungen zuzuerkennen. Nur
strafrechtliche Bestimmungen und darauf gegründete richter=
liche Verurtheilungen dürfen den Einzelnen in diesem
Grundrechte beschränken.

Wir finden es äußerst beschämend, daß in Deutschland
über diese Grundbedingung bürgerlicher Freiheit und Wohlfahrt
noch ernstlich discutirt werden muß! Wenn ein Deutscher den
Fuß über die Grenze nach Frankreich setzt, so hat er das Recht,
in einem Lande von 36 Millionen Menschen sich an jedem Orte
niederzulassen und zu ernähren, wie er will, und er hat nichts
zu thun, als die Steuern zu zahlen, mit welchen jedes Berufs=
geschäft und Einkommen belastet ist, und die Gesetze des Landes
zu respektiren.

In Deutschland selbst stehen ihm, weil der Grundsatz der
Freiheit der Arbeit nicht anerkannt ist, schon in seiner Heimath=
gemeinde unzählige gemeindepolizeiliche und staatspolizeiliche
Schwierigkeiten und Plackereien im Wege; die Quälereien ver=
zehnfachen sich, wenn er außer seiner Heimathgemeinde ein Ge=
schäft oder einen Hausstand gründen will: da wird der Besitz
eines bestimmten Vermögens, der Nachweis eines gesicherten
Nahrungsstandes, die vorhergehende Aufnahme als Schutzbürger
oder Gemeindebürger, die Entrichtung eines besonderen Schutz=
geldes oder das Einkaufsgeld in den Gemeindeverband, da wer=
den Leumunds= und Charakterzeugnisse gefordert u. s. w. und im
deutschen Auslande vollends — doch wir wollen das Bild
nicht weiter ausmalen. So kommt es denn, daß die besten deut=
schen Kräfte in jene Länder auswandern, in welchen das erste
und wichtigste Grundrecht freier Menschen nicht verkümmert ist;
und wir meinen damit nicht etwa bloß die vereinigten Staaten
von Nordamerika, wo auch noch ein jungfräulicher Boden An=
ziehungskraft ausübt, sondern dicht bevölkerte Kulturländer, wie
England, Frankreich, Belgien, Schweiz, denen sich demnächst

Italien anreihen wird. Es leben beispielsweise allein in Paris 90,000 arbeitsame Deutsche, und darunter 30,000 Badener. Bedarf es noch irgend einer anderen Thatsache, um den deutschen Regierungen endlich die Augen zu öffnen, daß das wirthschaftliche Leben in Deutschland bisher noch an einem Grundübel leidet? — Denn Mangel an Liebe zur Heimath, Mangel an Patriotismus ist es nicht, man erlaube uns die Behauptung, die den Deutschen hinaustreibt. Untersucht man durch Vergleich statistischer Zahlenwerthe, in welchen deutschen Staaten diese Auswanderung die größte ist, so sind es diejenigen, in welchen die bürgerliche Freiheit (wir reden nicht von der politischen, die neben der bürgerlichen nur von untergeordneter Bedeutung ist) in welchen die Freiheit der Arbeit und der Niederlassung den meisten Beschränkungen unterworfen sind; an der Spitze Mecklenburg und Kurhessen. „Wie sauer," muß man ausrufen, „wird es doch in Deutschland den Menschen gemacht, ihren und und der ihrigen Lebensunterhalt zu gewinnen, wie erschwert man ihnen die Mittel und Wege, um zu einem sittlichen, rechtlichen und menschenwürdigen Dasein zu gelangen!"

Wer die traurigen Folgen, welche die vormundschaftliche Einmischung von Staat, Polizei und Gemeinde in die wirthschaftliche Thätigkeit der Menschen hat, näher erwogen und kennen gelernt hat, der muß sich sagen, daß es leicht ist, politische Unfreiheit zu tragen, wenn man im Besitze bürgerlicher Freiheit ist; ein Beispiel ist Frankreich! Es ist klar, daß die Herstellung der wahren bürgerlichen Freiheit die erste, wichtigste, und bringendste Aufgabe aller deutschen Regierungen ausmacht. Die Gesetzgebung über Freiheit der Arbeit und Freizügigkeit hat es nicht mit einem partikularistischen Interesse jedes einzelnen deutschen Staates zu thun, sondern hier handelt es sich um das wichtigste Interesse der deutschen Nation. Jedermann kennt die segensreichen Wirkungen des deutschen Zollvereins, welcher eigentlich der deutsche Freihandelsverein genannt werden sollte, denn darauf daß er das wirklich ist, beruht sein wahrer Werth. In seinem Bereiche ist den Erzeugnissen deutscher Arbeit ein völlig freier Austausch gewährt; — ist es begreiflich, daß der deutschen Arbeitskraft selbst, der Quelle aller Erzeugnisse, nicht nur von Land zu Land, daß ihr selbst von Ort zu Ort die mannigfaltigsten Zollschranken und Schlagbäume entgegengestellt werden? Was würde man sagen, wenn gefragt würde: Genügt das angeborne Bürgerrecht, oder muß das volle Bürgerrecht förmlich angetreten sein, damit Jemand das Recht habe, die Produkte seiner Arbeit an einem Orte auszutauschen oder austauschen zu lassen? Sind Handel und Verkehr nicht auf solche Arbeitsprodukte zu beschränken, welche von den Ortsangehörigen angefertigt werden?

Uns erscheint es ebenso thöricht und schädlich, gegen den Bürger selbst und seine Arbeitskraft Zollschranken und Schlagbäume zu errichten, als es thöricht und schädlich wäre, durch solche die Produkte seiner Arbeitskraft auszuschließen. Gestehen wir es nur: Alle diese gesetzlichen und vormundschaftlichen Beschränkungen der freien Arbeit und der Freizügigkeit, sie sind mit den auch erst seit einem Menschenalter in Deutschland ganz überwundenen Leibeigenschafts-, Hörigkeits-, Erbunterthänigkeits- und Schollenpflichtigkeits-Verhältnissen, wenn nicht Geschwister, doch Geschwisterkind! Man hat den Staatsangehörigen von der Leibeigenschaft und Hörigkeit befreit; man hat damit dem freien Menschen die ganze Selbstverantwortlichkeit für seine und seiner Angehörigen Ernährung und Erhaltung übertragen; gleichwohl bleibt ihm versagt, von seinen Fähigkeiten und Kräften den angemessensten Gebrauch zu machen, und die Wahl von Aufenthalt und Arbeitsstätte, die Begründung einer eigenen Familie und Haushaltung, die Wahl und Ausdehnung seines Arbeitsgebietes wird von unzähligen gesetzlichen Schranken eingeengt, und von dem willkürlichen Ermessen von Gemeindebehörden und Beamten abhängig gemacht! Hier ist die eigentliche Grundquelle der sozialistischen Bewegungen des Jahres 1848 in Deutschland zu suchen. Staat und Gemeinde mischen sich überall vormundschaftlich in die Erwerbsthätigkeit ein, dennoch aber gewährleistet Niemand, weder Staat noch Gemeinde die Früchte derselben. Selbstverantwortlichkeit aber ist nur mit freier Selbstbestimmung vernünftiger Weise zu vereinigen. Und endlich, welche Erniedrigung der Menschenwürde liegt darin, daß dem Einzelnen die Erlaubniß, von seiner Thätigkeit, von seinen Kenntnissen, von seinen gesunden Arbeitskräften an irgend einem Orte Gebrauch zu machen, daß ihm mit Einem Worte die Niederlassung nur dann ohne viele Umstände und willig gewährt wird, wenn er eine gehörige Anzahl von Thalern mitbringt. Dem Vermögen und dem Geld sind alle Thore geöffnet; der Mensch und seine Arbeitskraft haben keine Berechtigung.

Doch gehen wir zu den Bedenken über, welche ohne allen triftigen Grund gegen die Freizügigkeit noch geltend gemacht werden. Man besorgt einerseits, daß den Ortsangehörigen durch den Zuzug fremder Arbeitskräfte eine allzu große Konkurrenz gemacht werde, daß sie in ihrem Verdienst und Wohlstand geschmälert werden. Man besorgt andererseits, daß durch den Zuzug vieler Ortsfremden im Falle ihrer Verarmung den Gemeinden eine unerschwingliche Last der Armenverpflegung aufgebürdet werden könne.

Man übersieht bei dem ersten Bedenken, daß die Freiheit gegenseitig ist. Nicht die Thüren aus Einer Gemeinde sind den Angehörigen aller übrigen aufgemacht, sondern die Thüren aller Gemeinden sind allen Staatsangehörigen zur Niederlassung geöffnet; da muß sich doch offenbar Einzug und Auszug in allen Gemeinden im Durchschnitt das Gleichgewicht halten. Niemand wird in einen Ort übersiedeln, um sich an demselben in einer Arbeitssphäre zu ernähren, welche dort übersetzt ist und keinen Lohn gibt, sondern Jeder wird in seinem eigenen Interesse den Ort aufsuchen, an welchem die stärkste Nachfrage und das kleinste Angebot der Arbeitskräfte, Fähigkeiten und Kenntnisse ist, über welche er zu verfügen hat. Der freie Arbeitsmarkt zieht Arbeitskräfte dorthin, wo sie Bedürfniß sind, und leitet sie da ab, wo sie im Ueberfluß sich finden.

Man dürfte daher jenem Bedenken vielmehr die entgegengesetzte Thatsache entgegenhalten, daß die volle Freizügigkeit allein im Stande ist, eine schädliche und erdrückende Konkurrenz in irgend einer Arbeitssphäre an jedem Orte zu mildern, die andauernde Anstauung unbeschäftigter Arbeitskräfte an einem Ort unmöglich zu machen und dagegen jede Gemeinde von demjenigen Theil ihrer Angehörigen zu befreien, welche dort kein genügendes Auskommen finden können, und durch Nothpreise, für welche sie ihre Arbeit hingeben müssen, den Werth und Preis der Arbeit und des Verdienstes überhaupt erniedrigen. Die Erfahrung aller Länder, in welchen volle Freizügigkeit besteht, hat diese vortheil-

haften Wirkungen derselben außer Zweifel gestellt. Wir bewun=
dern die Größe und Wohlfahrt Englands! Es hat dieselben
wesentlich durch seinen freien Arbeitsmarkt erworben. Frankreich
nimmt zu an Wohlhabenheit und Reichthum seiner Bürger, un=
geachtet wiederholter kostspieliger Kriege, ungeachtet einer despo=
tischen und verschwenderischen Regierung; es hat dies seiner bür=
gerlichen Freiheit, seinem freien Arbeitsmarkte zu danken. Soll
der Deutsche warten, bis ihm endlich auch der Russe in diesen
wirthschaftlichen Fragen mit gutem Beispiele vorangeht? Bis
dahin freilich wird endlich auch der deutsche Juristenstand zu
klarerer Einsicht über das Wesen der wirthschaftlichen Freiheit
gelangt sein.

Wir wenden uns zu der Besorgniß, daß den Gemeinden
durch die Freizügigkeit zu große Armenverpflegungskosten erwachsen
könnten. Um nicht mißverstanden zu werden, müssen wir vor=
ausschicken, daß wir der Meinung sind, daß die nothwendigen
Unterstützungsbeiträge im Falle der Verarmung und Arbeitsun=
fähigkeit von denjenigen Gemeinden aufzubringen seien, in wel=
chen der Betreffende Heimathsrecht besitzt, oder das politische
Ortsbürgerrecht angetreten hat. Ein gründliches Studium der
Armenpflege zeigt zwar, daß es bei Durchführung voller Frei=
zügigkeit wünschenswerth ist, daß die Armenpflege nicht den ein=
zelnen Gemeinden, sondern größeren Bezirken und Verbänden der=
selben obzuliegen habe; es kann jedoch hier auf diese Frage nicht
näher eingegangen werden.

Es ist nun leicht zu zeigen, daß gerade die Freizügigkeit das
sicherste Mittel ist, einer Reihe von Verarmungen vorzubeugen,
alle Hemmnisse hingegen, mit welchen man sie umgibt, recht
eigentlich die Verarmung ganzer Bezirke und ganzer Bevölkerungs=
klassen nothwendig zur Folge haben. Denken wir uns, daß sich
wegen irgend welcher veränderter Konjunkturverhältnisse, z. B. in
Folge der Anlage einer Eisenbahn, eine Reihe von Geschäften
von einem Orte wegziehen: was bleibt der dort wohnenden Be=
völkerung anderes übrig, als in Armuth und Noth zu versinken,
wenn es ihr nicht gestattet oder doch auf alle Weise erschwert ist,
einen neuen Arbeitsmarkt aufzusuchen?

So zieht man gerade das herbei, was man vermeiden will,
und jede staatliche und polizeiliche Einmischung in die wirthschaft=

liche Thätigkeit der Bevölkerung hat in dieser, wie fast in jeder Beziehung, den entgegengesetzten Erfolg. Wer an einem Orte einmal Krebit und Zutrauen verloren hat, kann sich nur mit äußersten Schwierigkeiten an diesem Orte wieder aufhelfen. Mag Jemand durch verschuldetes oder unverschuldetes Unglück herabgekommen sein, bei ihm kann die Versetzung an einen andern Ort, in neue Erwerbsverhältnisse nur heilend wirken, wenn Heilung überhaupt zu hoffen ist; sie ist für ihn dasselbe, was für den Kranken die Luftveränderung ist. Einer großen Zahl Verarmter wäre geholfen, wenn sie in neuen Verhältnissen neu beginnen könnten und dürften; aber gerade diesen ökonomisch Kranken ist nach den bisherigen verkehrten wirthschaftlichen Prinzipien der heilsame Orts- und Luftwechsel unbedingt versagt; sie müssen ihren Gemeinden zur Last bleiben und sind dadurch dem gänzlichen Verkommen anheim gegeben. Was soll der arme Mensch in der That bei aller Mühe machen, wenn er an einen Ort gefesselt bleiben muß, wo er Ansehen und Zutrauen verloren hat, wo sich für ihn durchaus keine Arbeit findet, nichts, was seine gesunkene Hoffnung wieder neu beleben könnte?

Erst wenn man die volle Freizügigkeit und Freiheit der Arbeit in der Gesellschaft zur Geltung gebracht hat, wird es angemessen sein, auch die bisherigen Grundsätze der Armenpflege einer neuen Prüfung zu unterziehen, und zu erwägen, ob sich die Pflicht der Unterstützung nicht lediglich auf die Arbeitsunfähigen und vorübergehend auf die von Krankheit oder plötzlichem Mißgeschick Heimgesuchten zu beschränken habe. Man wird sich keinem Arbeitsfähigen gegenüber ferner mehr dem sittlichen Vorwurf der Unbarmherzigkeit auszusetzen haben, daß man seine Mitmenschen verhungern lasse, wenn jedem der ganze große freie Arbeitsmarkt unbedingt offen steht; denn erst dann wird sich die bürgerliche Gesellschaft freisprechen können von aller Mitschuld an der Verarmung ihrer arbeitsfähigen Mitglieder.

Mag es sein, daß die Freizügigkeit wie die Freiheit der Arbeit einzelne Mißgriffe oder Uebelstände für die eine oder andere Gemeinde, für das eine oder andere Individuum zur Folge haben kann. Aber hat nicht auch das freie Verfügungsrecht aller Mündigen über ihr Vermögen manche schlechte Verwendung eines solchen, manche Verarmung zur Folge? Stellt man deßwegen

alle Menschen unter Kuratel von Staats- oder von Gemeindebeam-
teten? stellt man deßwegen die Verwaltung aller Privatvermögen
unter polizeiliche Aufsicht? Ebensowenig sollte man die Erwerbsthätigkeit, die Niederlassung, die Begründung einer Familie, weil
Mißbräuche vorkommen können, allgemein unter Kuratel der
Gesetze und der Verwaltung stellen. Der Freiheit des Besitzes
hat man Rechnung getragen; der Freiheit des Erwerbs, die
der einzige und beste Besitz der ärmeren Mitglieder der Gesellschaft ist, trägt man bis heute noch keine Rechnung. Wer nicht
Kapital, wer nur Arbeitskraft aufzuweisen hat, dem wird von
vornherein wie einem Kandidaten des Armenhauses begegnet, und
indem man aus lauter Sorgfalt, daß kein Gewerbsmann ver-
arme, die freie Thätigkeit der Mehrzahl einschränkt, verarmt die
Gesammtheit des Gewerbestandes und verkrüppelt in ihren wirthschaftlichen Bewegungsorganen.

Wir stimmen aus diesen Gründen für **unbedingte Freizügigkeit** in Verbindung mit **unbedingter Freiheit der
Arbeit**.

5.

Die fünfte Frage lautet: „Unter welchen Voraussetzungen
können Frauenspersonen zum selbstständigen Gewerbsbetrieb
zugelassen werden?“ Unsere Antwort darauf ist:

Eine vernünftige Gesetzgebung, welche die unbedingte Freiheit der Arbeit und Niederlassung gewährleistet, beschränkt sich
auf so wenige Paragraphe, als erforderlich sind, um diese Ge-
währleistung unzweideutig, selbst für die rabulistische Auslegung
unzweideutig auszusprechen, und erwähnt des weiblichen Geschlechts nicht weiter, als daß gesagt wird: Die Freiheit der Arbeit und der Niederlassung ist ein Grundrecht aller volljährigen
Landesangehörigen ohne Unterschied des Geschlechts. Das
Uebrige möge man der sich mit der Zeit ohnehin stets anders
gestaltenden Sitte, dem öffentlichen Bedürfnisse, und dem Interesse
und der Klugheit der Einzelnen überlassen. In diesem Sinne
ist das neue Nassauische Gewerbegesetz ein wirkliches Muster,
denn es beschränkt sich auf zehn Paragraphe.

Ferne sei es von uns, damit sagen zu wollen, als ob es einer Frauensperson etwa frei stehen dürfe, eine liederliche Wirth= schaft einzurichten. Eine solche Frauensperson betreibt so wenig ein Gewerbe, als diejenige, welche sich als Brandstifterinn, oder als Giftmischerinn verdingt. Es ist selbstverständlich, daß nur die an sich selbst nicht verbotenen Beschäftignungen frei sein können; aber die Verbote unsittlicher und schädlicher Handlungen, und die auf ihre Uebertretung gesetzten Folgen sind Gegenstand der Po= lizeigesetzgebung und Strafgesetzgebung, sie sind nicht Gegenstand der Gewerbegesetzgebung. Die Spielhöllen, die Lotterien, die Branntweinbuden, die liederlichen Wirthschaften u. s. w. gehören nicht zu den produktiven Unternehmen, durch welche ein vernünf= tiges menschliches Bedürfniß befriedigt wird, sie sind ein fortge= setztes Vergehen oder Verbrechen, nicht ein Gewerbe, denn sie sind lediglich darauf berechnet, aus der Schwäche und Thorheit der Menschen, oder aus dem Laster Vortheil zu ziehen. Hier ist ein würdiges Feld polizeilicher Bevormundung und strafrechtlichen Einschreitens. Alle an sich selbst rechtschaffenen Berufsthätigkeiten aber müssen frei sein, sowohl für den Mann, wie für das Weib.

Es ist nicht zu besorgen, daß eine übergroße Zahl von Ge= schäften in Frauenhände kommen werde. Schon die Schwäche des weiblichen Geschlechts und sein Beruf, Kinder zu gebären und aufzuziehen, schließt dasselbe von einer Mehrzahl von Ge= schäften aus. Verehelichte Frauenspersonen können ohnehin im Allgemeinen ein Geschäft nur mit Genehmigung und unter Mit= wirkung ihres Mannes betreiben; für die Unverehelichten jedoch . ist eine Freigebung der dem weiblichen Geschlechte offen stehenden Berufsrichtungen ein absolutes Bedürfniß.

Vor ein, zwei bis höchstens drei Menschenaltern haben die Haushaltungen noch selbst gesponnen und gewoben, geschlachtet und gebacken, gebleicht und gewaschen, Gemüse eingemacht, Obst getrocknet, Vorräthe gesammelt und im Allgemeinen alle wesent= lichen Bedürfnisse selbst befriedigt. Damals konnte jede Haus= haltung zweien oder dreien weiblichen Verwandten Unterkommen und Beschäftigung geben. Heutzutage sind von diesen Verhält= nissen kaum auf dem Lande noch Spuren übrig geblieben. Spin= nen und Weben, Schlachten und Backen, Bleichen und selbst Waschen, — alles wird nicht mehr in den Haushaltungen, son=

dern in besonderen gewerblichen Anstalten für die Haushaltungen bereitet. Diese bieten kaum noch der Hausfrau oder der Köchin, geschweige denn auch noch anderen Anverwandten, eine ernstliche und genügende Beschäftigung. Unverheirathete und unbemittelte Frauen, die nicht einen Dienst annehmen oder finden, haben fast nur noch das Nähgeschäft, durch welches sie sich ernähren können; und hiefür ist, wegen Ausschließung der Frauen von fast allen anderen Berufsrichtungen, eine solche Konkurrenz, daß der Lohn ein absolut ungenügender ist; überdies wird die Nähmaschine auch diese Nahrungsquelle bald noch weiter versiegen machen. Was erreicht man unter solchen Verhältnissen mit all der ge= werblichen Vormundschaft und Ausschließung anderes, als die armen Geschöpfe zu nöthigen, ehrlos zu werden?

Lasse man sorglos das weibliche Geschlecht sich neue Berufs= thätigkeiten wählen, und in kurzem wird man staunen, zu wie vielem es fähig ist, wie wenig es seine Freiheit mißbraucht, und wie viel Gutes man durch die bisherige sogenannte Gewerbeord= nung, das heißt Unfreiheit und Bevormundung, bis dahin ver= hindert und unmöglich gemacht, wie viel Menschenunwürdiges man dagegen mitverschuldet hat.

6.

„Welche Gewerbsbefugnisse sind den Ausländern einzuräu= men?" so lautet die 6. Frage des großh. Handelsministeriums. „Diese Frage ist hauptsächlich in so fern von Bedeutung als es sich dabei um Angehörige deutscher Bundesstaaten handelt," so beginnen die einleitenden Bemerkungen. Beschränken wir uns sonach zunächst auf diese Seite der Frage. Wir beantworten sie dahin:

Es ist wünschenswerth, daß das Recht der Nie= derlassung und der freien Arbeit den Angehörigen aller deutschen Bundesstaaten in gleicher Weise wie den Angehörigen des Großherzogthums gewährt werde, selbst ohne die Gegenseitigkeit von Seiten der anderen Bundesstaaten für die Angehörigen des

Großherzogthums abzuwarten oder zur Bedingung
zu machen.

Wir sehen im Geiste, wie die Juristen die Hände über dem
Kopfe zusammenschlagen. Entsetzlich! Damit wäre ja aller Aus=
legung von internationalen Rechts=Paragraphen ein Ende ge=
macht! Doch wir lassen uns dadurch nicht beirren! Wir wünsch=
ten nur, dieselben wären Zeugen gewesen von der großen Ein=
stimmigkeit, mit welcher die Theilnehmer an dem volkswirthschaft=
lichen Kongresse zu Köln in der ersten Hälfte des Septembers
dieses Jahres sich hierüber nach reiflicher Discussion geeinigt
haben, und es ist dies eine Versammlung aus ganz Deutschland
aus freiem Antrieb und lediglich aus Interesse für die wirth=
schaftlichen Fortschritte der Nation zusammentretender Männer,
welche die Erfahrung der Wissenschaft und des Lebens austau=
schen. Der fast einstimmige Ausspruch einer solchen Versamm=
lung von einigen hundert einsichtsvollen Männern aus allen
Theilen von Deutschland ist wahrlich einer kleinen Aufmerksamkeit
werth; er macht es werth, wenn man ob jenes Ausspruches er=
staunt, daß man die Hand an's Herz lege, und sich frage, ob
man nicht während der beständigen Auslegung engherziger Pa=
ragraphen allmählig unbewußt allen freien Ueberblick und alles
Vertrauen zu dem Großen und Natürlichen verloren habe?

Die große Masse der Nation theilt in dieser Beziehung die
engherzigen Bedenklichkeiten der Staatsmänner nicht! Welcher
Jubel durch ganz Deutschland, welches aus innerster Seele
kommende Dankgefühl, wie für die Erlösung aus einer ur=
alten Verderbniß, würde den ersten deutschen Fürsten be=
grüßen, dessen Regierung, auch ohne Gegenseitigkeit abzuwarten,
proclamirte: Jedem Deutschen stehen die gleichen Rechte
der Niederlassung und des Gewerbsbetriebes zu,
wie den Angehörigen des Landes!

Der Jubel und die Verehrung von allen Seiten würden so
laut und so entschieden sein, daß sie die Gegenseitigkeit in den
meisten deutschen Bundesstaaten in Kürze von selbst nach sich
zögen; und das alles könnte eine Regierung, ohne auch nur eine
Spur von ihrer Souveränetät und Selbstherrlichkeit auf dem
Altar des Vaterlandes zum Opfer zu bringen!

Es erübrigt uns noch, uns klar zu machen, daß ein solcher

Schritt dem Großherzogthum keine Gefahr brächte, selbst in dem unwahrscheinlichen Falle, daß diese Gegenseitigkeit lange auf sich warten ließe; sondern daß das Land aus einer solchen freisinni= gen Maßregel nur den größten Nutzen ziehen könnte.

Wir haben schon früher erwähnt, daß sich in Frankreich nicht nur der Franzose, sondern auch der Ausländer niederlassen und ernähren kann, wo er will und wie er will. Frankreich hat nicht gewartet, bis Deutschland seinen Angehörigen in dieser Beziehung mit gleichem Freisinn entgegenkommt. Hat sich hiebei Frankreich im Nachtheil befunden? Die Thatsachen zeigen, daß seine humanen wirthschaftlichen Principien der Engherzigkeit deutscher Verhältnisse gegenüber ihm die größten Vortheile eingebracht haben. Frankreich verfügt nicht nur über die Kunstfertigkeit und die Talente seiner Angehörigen, es verfügt auch über einen be= trächtlichen Theil der deutschen Kunstfertigkeit, deutschen Fleißes und deutscher Talente zu Gunsten seiner eigenen Industrie und seiner eigenen Gewerbe. Ein Theil unsrer besten Kräfte wandert dorthin aus, und nicht wenige französische Industriezweige ver= danken ihre Superiorität deutschem Kunsttalent und deutscher Ausdauer. Keinem Franzosen fällt es deßhalb ein, sich über deutsche Konkurrenz in seinem Lande zu beschweren; man weiß dort recht gut, daß Ein hervorragender Industriezweig, in wel= chem man auf dem Weltmarkt überlegen ist, zehn andere nach sich zieht, die ohne ihn gar nicht vorhanden wären, und daß durch die Mitwirkung der Talente des Auslandes die Erwerbs= sphäre für die Landesangehörigen nicht nur nicht beeinträchtigt, sondern erweitert wird.

Ein anderes glänzendes Beispiel bietet uns die verständige kleine Schweiz. Während alle Länder rings um dieselbe sich gegen die Konkurrenz ihrer Industrieerzeugnisse durch Prohibitiv= zölle oder Schutzzölle zu versichern bestrebt waren, hat sie selbst weder Prohitivzölle noch Schutzzölle gegen die Industrieprodukte irgend eines Landes in Anwendung gebracht. Nach den engher= zigen Begriffen deutscher Staatskunst hätte jede Industrie in der Schweiz unter so ungleichen Verhältnissen durch die Konkurrenz des Auslandes unfehlbar erdrückt werden müssen, die Schweiz müßte ein Land von Proletariern sein. Und was lehren dagegen die Thatsachen? Gerade dieser freisinnigen und gesunden wirth=

schaftlichen Grundsätze wegen ist es der Schweiz möglich gewor=
den, dasjenige Land zu werden, welches durch die Größe seiner
Industrie und seines Handelsverkehrs im Verhältniß zur Größe
seiner Bevölkerung, welches durch die durchschnittliche Wohlhaben=
heit seiner Angehörigen alle anderen Nationen des Erdkreises
bei weitem übertrifft, England, Belgien, Holland und Frankreich
nicht ausgenommen. Deutschland dagegen, mit seiner engherzigen
staatsvormundschaftlichen Polizeisorge gegen Konkurrenz und da=
durch zu befürchtende Verarmung seiner Angehörigen in jedem
kleinen Bundesstaate ist im Vergleich zu all' den genannten Län=
dern arm. Das alles läßt sich durch statistische Zahlen, durch
Thatsachen belegen.

So möge denn endlich einmal eine deutsche Regierung sich
ermannen, die rettende That vollbringen, und die
Thore ihres Landes allen Deutschen öffnen! Mag
es zu wünschen bleiben, daß auch die Nachbarn das Humane
und Vernünftige bei sich einführen; sicher ist, daß Jeder in Ewig=
keit bei dem Unvernünftigen verharren müßte, wenn er mit dem
Vollzug des Vernünftigen so lange warten wollte, bis auch
seine sämmtlichen Nachbarn sich zu demselben bekehrt haben.

7.

In welchem Umfang soll die Gewerbsbefugniß ausgeübt
werden dürfen?

„Die Beantwortung dieser Frage steht in nahem Zusammen=
„hang mit jener zu Frage 2. Werden bestimmte Vorschriften für
„die Erlernung der Gewerbe und Prüfungen über die erlangte
„Befähigung für nothwendig erachtet, so muß der Meister auf das
„einmal ergriffene Gewerbe beschränkt bleiben, bis er sich zu einem
„andern von Neuem vorschriftsmäßig befähigt hat. Viele erblicken
„noch in dieser Beschränkung einen wohlthätigen Hinderungsgrund
„gegen leichtsinnigen Wechsel, und einen angemessenen Zwang zur
„Stätigkeit und wachsenden Vervollkommnung in dem einmal er=
„wählten Gewerbe. Sie widerspricht aber dem Prinzip der Ge=
„werbefreiheit mehr als irgend eine andere Beschränkung, und wird
„zugleich als eines der stärksten Hemmnisse betrachtet, unter wel=

„chen das Kleingewerbe gegenüber der freieren Thätigkeit der
„Fabrikation und des Handels zu leiden habe. Man erachtet da-
„her von diesem Standpunkte aus gerade als eines der wirksam-
„sten Mittel für die Hebung des Kleingewerbes die volle Anwen-
„dung des Prinzips und gelangt hiebei zu den Forderungen, daß
„der Gewerbsmann

1) mehrere Gewerbe (Handwerke und Handel) gleichzeitig
betreiben und zu diesem Zwecke Gehilfen aus verschiedenen Gewerben beschäftigen;

2) daß er sein Gewerbe von mehreren Lokalitäten aus und
gleichzeitig an mehreren Orten den gesetzlichen Vorschriften gemäß ausüben;

3) daß er, wo die Verhältnisse es ihm räthlich erscheinen
lassen, ungehindert von einem Gewerbe zum andern über-
gehen dürfe.

„Ausnahmen hievon würden sich nur bei denjenigen Gewer-
„ben ergeben, für welche die Erwirkung einer besonderen Staats-
„erlaubniß (Konzession) etwa als nothwendig erachtet worden
„wäre."

Soweit das großh. Handelsministerium. Nach dem, was
wir bei den früheren Fragen schon entwickelt haben, versteht es
sich von selbst, daß vorstehende drei Punkte unbedingt zu bejahen
sind; wir halten es für unnöthig, darauf noch einmal zurückzukommen. Ein Gesetz, welches die Gewerbe in vollem Sinne frei
gibt, hat gar nicht nöthig, sie besonders aufzuführen; denn es
sind Dinge, die sich von selbst ergeben. Dagegen gibt der Schluß-
satz zu den ernstesten Bedenken Anlaß, indem derselbe als selbstverständlich anzunehmen scheint, daß es eine Reihe von Gewerben
gebe, für welche die Erwirkung einer besonderen Staatser-
laubniß oder Konzession als nothwendig zu erachten sei.

Noch lieber das Zunftwesen als das Konzessions-
wesen, rufen wir aus! Das eine trifft das wirthschaftliche
Leben des Volks mit verderblichen und verkehrten Gesetzen, aber
doch Gesetzen; das andere gibt es gar dem schwankenden und
willkürlichen Ermessen der Verwaltung anheim! „Es wider-
„streitet", sagt Lette, „es widerstreitet denn doch jedem nicht
„von staatspolizeilichen oder sozialistischen Ideen umnebelten
„Rechtsbewußtsein und ist unvereinbar mit dem Rechts- und

„Ehrgefühl eines Mannes, daß dem an und für sich sehr arbi-
„trären Ermessen von einzelnen Behörden und Beamten, welches
„über die Konzessionirung oder Versagung von Aufenthalt und
„Domizil, von Begründung einer eigenen Familie, Wirthschaft
„und Haushaltung, von selbstständiger Gewerbsbeschäftigung und
„Niederlassung befindet, die Existenzbedingungen wie das Geschick
„selbstständiger und selbstverantwortlicher freier Menschen in die
„Hand gelegt sind, und daß diese deren Urtheil über ihre ganze
„Persönlichkeit und tüchtigeren oder unfähigeren Eigenschaften,
„über Fleiß, Talent, Geschick und Kräfte zur Selbsterhaltung
„unterworfen sind. Es ist bei den weiten schwankenden Grenzen,
„innerhalb deren sich dergleichen Untersuchungen und Entschei-
„dungen von Polizei- und Gemeindebehörden, gleichwohl über die
„wichtigsten äußeren und inneren Lebensverhältnisse der Indivi-
„duen, nothwendig bewegen und bei der Kollision von Interessen
„verschiedener Art nur zu erklärlich, daß dabei nicht selten Will-
„kür und Chikane, auch wohl Motive der höheren Staatspolizei
„gegen religiös oder politisch unliebsame, sogenannte verdächtige
„oder bescholtene Leute, ferner Engherzigkeit, Mißgunst oder Vet-
„terschaft ihr Spiel treiben und sich geltend machen.“

Fügen wir hinzu, daß die Entscheidung solcher Fragen ganz
häufig von dem Gutachten oder dem Referat junger Referendäre
abhängt, die an solchen Fragen ihre praktische Schule machen,
und sich im Vielregieren üben.

Zu welchen lächerlichen Entscheidungen es überdies führt,
wenn man die Befugniß zu irgend einer gewerblichen Thätigkeit
von einer vorausgehenden Konzession abhängig macht, dazu liefern
die Archive Tag für Tag ein reiches Material. Wir führen
zur Erheiterung die Verfügung eines der angesehensten deutschen
Magistrate aus dem Jahr 1858 an, wodurch derselbe die Konzession zur Anfertigung von Apfelwein verweigerte: 1) „weil man
seither zu N. N. Bier getrunken habe; 2) weil der Apfelwein zu
N. N. aus Mangel an Konkurrenz vielleicht nicht gut werde bereitet werden; 3) weil die Fabrikation desselben möglicher Weise
zu einem großartigen Export Veranlassung geben dürfte, und
alsdann der Obrigkeit die Mittel der Aufsicht fehlen könnten.“
Sic!

Für Gewerbe, welche durch die Art ihres Betriebes mit all-

3

gemeinen oder besonderen Gefahren für die Ausübenden oder für das Publikum verbunden sind, welche die Nachbarschaft durch Feuersgefahr, schädliche Dünste, Gerüche, Lärm u. s. w. beschädigen oder belästigen können, wird es bestimmter gesetzlicher Vorschriften bedürfen, welche die Bedingungen und Vorsichten enthalten, unter welchen sie ausgeübt werden können. Es reicht hin, wenn der Betrieb eines solchen Gewerbes durch das Gesetz in so lange untersagt bleibt, als den gesetzlichen Vorschriften nicht Genüge geleistet ist. Einer besonderen Erlaubniß zum Gewerbsbetrieb innerhalb der vom Gesetz gegebenen Vorschriften muß es jedoch unter der Aegide wirthschaftlicher Freiheit niemals bedürfen, sowie denn auch in keinem Falle eine solche Erlaubniß oder Konzession nach administrativem Ermessen zurückgezogen werden darf. Gibt es Gewerbe, für welche das Gesetz im Falle wiederholter Bestrafung auch das Verbot der Fortsetzung derselben als Strafe erkennt, (wir erinnern z. B. an die mannigfaltigen Preßgesetze), so wird einem Unternehmer wenigstens nur durch richterliches Urtheil die Fortsetzung seines Geschäftes untersagt werden können. Sogenannte konzessionirte Gewerbe gibt es in einem wirthschaftlich freien Lande nicht.

Die 9. Frage des großh. Handelsministeriums wird uns Gelegenheit geben, hierauf nochmals zurückzukommen.

8.

Die achte Frage lautet:

„Ist der Hausirhandel künftighin gänzlich zu verbieten oder nur zu beschränken?"

Wir hätten gewünscht, auch die Frage zu finden: Ist derselbe minder zu beschränken oder freizugeben?

Wir glauben auf die vorliegende Frage ein geringeres Gewicht legen zu müssen, als auf alle übrigen. Der Hausirhandel ist in entlegenen Gegenden sehr nützlich, in größeren Städten sehr entbehrlich. Während die Mehrzahl aller Erwerbsgeschäfte von polizeilicher Ueberwachung völlig frei bleiben kann, ist der Hausirhandel seiner Natur nach einer fortgesetzten polizeilichen

Aufsicht unterworfen. Es ist daher selbstverständlich, daß jedem
übelbeleumundeten Subjekt diese Art der Beschäftigung von vorn=
herein zu untersagen ist. Hausirpatente hätten vom Standpunkte
der vollen Freiheit der Arbeit aus nur die Bedeutung ein ·Aus=
weis zu sein, daß der Betreffende nicht durch frühere Straffälle
verschuldet hat, daß ihm der Hausirhandel versagt werden muß.
Wir sind der Ansicht, daß im Uebrigen auch der Hausir=
handel völlig frei zu geben sei; nicht als ob wir verkennten, daß
derselbe von manchen Uebelständen begleitet ist. Es ist nicht
völlig ohne Grund, wenn demselben vorgeworfen wird, „daß er
diejenigen, welche sich damit befassen, leicht zu einer unstäten,
müßiggängerischen Lebensweise, ja selbst zu Bettel und Diebstahl
führe." Niemand wird es billigen, wenn junge Männer oder
Frauen mit gesunden Gliedern oder Arbeitskräften sich ihm wid=
men. Ihn jüngeren Personen allgemein zu verbieten, würden
wir aber doch nicht stimmen, weil Fälle genug vorkommen kön=
nen, in welchen auch unbescholtenen jüngeren Personen augen=
blicklich kein anderer Verdienst geöffnet ist. Dagegen ist er ge=
eignet, älteren, gebrechlichen oder verstümmelten Personen ein
ehrbares Auskommen zu verschaffen, und schon die billigere Kon=
kurrenz der letzteren wird jüngere und kräftigere Leute im All=
gemeinen davon ausschließen.
Man wirft dem Hausirhandel mit Recht vor, daß er das
Publikum belästigen könne. Wird er lästig, so kann sich jedoch
das Publikum leicht selbst helfen. Es darf nur jedem Hausirer,
ohne Umstände und ohne ein Wort zu verlieren, die Thüre
verschließen, so wird das Hausiren bald von selbst aufhören. Es
ist nicht nothwendig, es ist auch nicht wünschenswerth, daß die
Bevölkerung wegen jeder Bequemlichkeit, die sie anspricht, gleich
zu polizeilichem Einschreiten gegen die wirthschaftliche Freiheit
Anlaß gebe, so lange sie sich selbst auf die einfachste Weise
schützen kann. So lange es Hausirer gibt, kann man sicher sein,
daß sie etwas verdienen, und folglich einem Bedürfnisse entgegen=
kommen. Wer mit dem Hausirgeschäft den Bettel verbindet, ver=
fällt ohnehin der polizeilichen Ahndung.
Der eigentliche Sturmlauf gegen den Hausirhandel geht
immer nur von den Kleinhändlern und Kleinmeistern aus. Da
der Staat nicht dazu berufen ist, einer Bevölkerungsklasse vor

Anderen den Vorzug zu geben, da es nicht seine Aufgabe ist und sein soll, irgend einen Erwerbszweig gegen Konkurrenz zu schützen, sondern allen unter der Freiheit der Arbeit sich von selbst. ausgleichenden Interessen unparteiisch gerecht zu werden, so ist auf diesen eigennützigen Sturmlauf der Kleinhändler und Kleinmeister unserer Ansicht nach kein Gewicht zu legen. Es gibt auch ein örtliches **Monopol** der Kleinhändler, welches dieselben, namentlich in kleineren Orten, leicht zu **Monopolpreisen** verleiten kann. Gegen solche örtliche Monopolpreise ist der Hausirhandel das naturgemäße Heilmittel.

9.

Die 9. Frage lautet: „Welchen Beschränkungen sind die Gewerbe in Ansehung der Art ihrer Ausübung unterworfen?" Es wird hiezu zunächst bemerkt: „Es muß als selbstverständlich betrachtet werden, daß an die allgemeinen polizeilichen Vorschriften also namentlich an die Gebote und Verbote der Sicherheits=, Reinlichkeits=, Gesundheits=, Sittlichkeits=, weltlichen Kirchen=, Straßen=, Markt=, Feuer=, Bau=, Maaß= und Gewichtspolizei, sowie an die Vorschriften der Steuer= und Zollverwaltung auch künftighin alle Gewerbtreibenden gebunden bleiben." Es muß dieß zugestanden werden, insofern alle hierhin gehörigen Polizeiverordnungen nicht die **Gewerbe als solche**, sondern das bürgerliche Zusammenleben überhaupt betreffen, als sie Vorschriften, Beschränkungen und Anordnungen betreffen, welchen sich die Individuen als solche im öffentlichen Interesse zu unterwerfen haben; und man wird dabei nur den Wunsch auszusprechen haben, daß man sich in Betreff solcher Verordnungen auf ein möglichst geringes Maaß beschränken möge. Um besser verstanden zu werden, müssen wir ein paar Beispiele geben. Die Marktpolizei z. B. wird sich nicht damit zu befassen haben, **wer verkaufen darf**, und **was verkauft werden darf**, noch damit, **wie**, **wann** oder **wo** Kauf und Verkauf zu geschehen haben; es werden ihr lediglich diejenigen Vorschriften und Veranstaltungen obliegen, welche nothwendig sind, **Sicherheit der Person und des Eigenthums** zu verbürgen, und den **Markt vor Betrug zu schützen;**

nicht als ob der Möglichkeit des Betrugs vorgebeugt werden könne, sondern in dem Sinne, daß jeden vorkommenden Betrug die verdiente Strafe sicher erreiche; das ist der einzig aus= giebige Schutz, und dahin zielende Vorschriften sind es allein, welche sich mit der Verkehrsfreiheit vertragen. Um ein weiteres Beispiel zu wählen: Die weltliche Kirchenpolizei wird durch ihre Vorschriften die Störung der öffentlichen Andacht in ihren respek= tiven Kirchen zu verhüten suchen, im übrigen aber die Heiligung des Sabbaths durch Ausruhen von der Arbeit der Sitte und dem religiösen Gefühle der Gesammtheit wie der Einzelnen über= lassen u. s. w.

Sodann folgt die Bemerkung: „Ferner wird, wenn man den Grundsatz annimmt, daß zu solchen Gewerben, deren unge= schickter Betrieb dem öffentlichen Wohl gefährlich werden könnte, eine besondere Concession erforderlich sei, kein Zweifel bestehen, daß die Staatsregierung, wie sie diese Concession nach Umständen ertheilen oder versagen kann, auch befugt sein müsse, über die Art und Weise ihres Betriebes im Allgemeinen oder Besonderen solche Bedingungen vorzuschreiben, welche durch das öffentliche Interesse geboten sind." Wir bemerken hiezu: Die volle Verantwortlichkeit der Unternehmer für durch Fahrlässigkeit, Unvorsichtigkeit oder Ungeschicklichkeit verursachte Schäden sowohl gegen die Privaten als vor dem Strafgesetz bildet den na= türlichen und genügenden Schutz der Gesellschaft gegenüber den gefährlichen Gewerben.

Dagegen haben wir schon früher gezeigt, daß obiger Grund= satz nicht anzuerkennen ist, daß es in der wirthschaftlichen Freiheit keine koncessionirten Gewerbe gibt. Er ist in der That mit jeder Art von wirthschaftlicher Freiheit völlig unverträglich, und der gefährlichste von allen. Gibt man ihn zu, so hat man jeder arbiträren Einmischung der Verwaltung in die produktive Thätigkeit der Bevölkerung mit allen schlimmen Folgen einer solchen alle Thorflügel geöffnet. Was läßt sich nicht alles unter den Vorwand des öffentlichen Interesses oder unter die Rubrik bringen, daß ein ungeschickter Betrieb dem öf= fentlichen Wohl gefährlich werden könnte, und folgweise unter das arbiträre Ermessen der Verwaltung stellen!? Ist die Zucker= bäckerei nicht ein gefährliches Gewerbe, weil sie sich giftiger Far=

ben zu ihren Zuckerwaaren bedienen kann? Ist das Geschäft
des Fuhrmanns nicht gefährlich, weil er umwerfen kann? Ist
es nicht der Gesundheit schädlich und gefährlich, wenn ein Theil
des weiblichen Geschlechts zu enge Korsetten trägt, und müßte
nicht Form und Fabrikation der Corsetten vor allen Dingen vom
Staat konzessionirt werden u. s. w.?

Alle solche verkehrte Grundsätze gehen aus der falschen
Fundamentalanschauung hervor, als ob der Staat für alles vor=
mundschaftlich zu sorgen, alles Mißbräuchliche und Schädliche
präventiv zu verhüten, alle Einzelnen und die Gesammtheit
glücklich zu machen hätte, während es doch nur seine Aufgabe
ist, die Freiheit und das Eigenthum der Gesammtheit wie des
Einzelnen zu schützen, und es dadurch der Gesammtheit wie
den Einzelnen zu ermöglichen, sich selbst glücklich zu
machen.

Während sich die Staatsgewalt in Deutschland in dieser
Weise in tausend Dinge mischt, die sie der Bevölkerung über=
lassen sollte, sieht sie andererseits mit unbegreiflicher Gelassenheit
einem fortwuchernden Betruge im Handelsverkehr mit unterschla=
genen Armen zu. Man hat durch Ordnung der Münz=, Maß=
und Gewichtsverhältnisse, soweit man in Deutschland von Ord=
nung derselben reden kann, dem bürgerlichen Verkehr unermeßliche
Wohlthaten erwiesen. Fälschung von Urkunden, Fälschung von
Münze, Maß und Gewicht ist, wie sich's gebührt, strafbar; fast
jede andere Fälschung, wenn sie nicht Vergiftung zur Folge
hat, ist straflos. Wer Leinwand mit falscher Elle mißt, ist
strafbar; wer mit richtiger Elle Cattun für Leinwand verkauft,
ist straflos. Wer gemahlenen Pfeffer mit unrichtigem Gewicht
vorwägt, ist strafbar; wer Repskuchen statt Pfeffer abwägt, setzt
sich keinem Vorwurf aus. Wer Olivenöl in ungeaichter Kanne
vermißt, ist strafbar; wer ein werthloses Oel für Olivenöl her=
gibt, zeigt nur, daß er die Geschäftsvortheile des Handels sich
erworben hat.

Rechtschaffenheit auch im Handel wieder zur Geltung
zu bringen, Gesetzgebung und Verwaltungsgrundsätze soweit zu
ergänzen, daß auch in Handel und Verkehr soweit möglich
Betrug und Fälschung nicht ohne Ahndung bleiben: — hier wäre
ein ergiebiges und bis jetzt sehr wenig bebautes Feld für die

Thätigkeit der Staatsgewalt, sowohl im Interesse der Konsumenten, als der Produzenten und vor allem des Handels und der großen Mehrzahl der rechtschaffenen Handelsleute selbst! Doch es ist hier nicht der Ort, auf diese Frage näher einzugehen.

Eine andere Seite nothwendiger Thätigkeit der Gesetzgebung und Verwaltung ist nicht minder in Deutschland vernachlässigt. Es ist der Schutz des geistigen Eigenthums erstmaliger Erfindung, erstmaliger künstlerischer Produktion. Auch auf diese wichtige Lebensfrage deutscher Produktion näher einzugehen ist hier nicht der Ort, da sie nicht direkt mit der Gewerbegesetzgebung und den Fragen des Handelsministeriums zusammenhängt.

In den Bemerkungen zur 9. Frage fährt das großh. Handelsministerium fort:

„Endlich ist wohl überall anerkannt, daß die Errichtung, Verlegung oder wesentliche Abänderung von gewissen zum Betrieb eines Gewerbes dienlichen Anlagen und Geschäftseinrichtungen, z. B. von Wasserwerken, Färbereien, Dampfmaschinen, Feuerstätten, Hammerwerken, Laboratorien, Schlachthäusern u. dgl., welche auf die Benützung öffentlicher Anstalten, auf die Erreichung der am Orte vorherrschenden Lebenszwecke, auf bereits bestehende Gewerbsanlagen, oder auf Gesundheit, Ruhe und Sicherheit der Nachbarschaft von nachtheiligem Einfluß sein können, nicht ohne Weiteres gestattet sein könne, sondern jeweils besonderer obrigkeitlicher Erlaubniß bedürfe, deren Ertheilung eine Bekanntmachung des Vorhabens und eine Prüfung der einschlägigen Verhältnisse und etwa erhobenen Einsprachen vorausgehen müsse.“

Wir haben schon früher erwähnt, daß der Betrieb hierhin gehöriger Gewerbe selbstverständlich so lange untersagt bleiben muß, bis die gesetzlichen Vorschriften erfüllt sind. Einer besonderen Erlaubniß, insofern letztere eingehalten werden, sollte es weiter nicht bedürfen. Wir möchten in Beziehung auf die unter obige Rubrik kommenden Fälle die verständigen Grundsätze empfehlen, welche in Frankreich seit langem gesetzliche Richtschnur für die Verwaltung bilden. (Mohl, Literatur der Staatswissenschaften III. S. 279.)

„Zu den in Frankreich vollkommen durchgebildeten, anderwärts gewöhnlich ebenso willkürlich behandelten oder auch gar nicht berücksichtigten Verwaltungsgegenständen gehören die genauen

Bestimmungen über Gewerbeeinrichtungen, deren Nachbarschaft Richtbetheiligten gefährlich oder beschwerlich sein könnte. Anstatt hier entweder Leben und Gesundheit oder wenigstens Ruhe und Lebensfreude der Habsucht preiszugeben, oder aber nach persön= lichen Anschauungen und vielleicht Vorurtheilen grundsatzlos ein= zugreifen in unschädliche Gewerbthätigkeit: hat die französische Verwaltung es für besser erachtet, sich von den bewährtesten Stimmführern der Wissenschaft Rath ertheilen zu lassen und die= sem gemäß ein festes System aufzustellen, nach welchem in jedem einzelnen Falle unwandelbar gehandelt wird" u. s. w.

Es ist hier nicht der Ort, diese gesetzlichen Verwaltungs= prinzipien, welche sich durch eine lange Reihe von Jahren be= währt haben, näher zu entwickeln. Wir wollen nur hervorheben, daß sie sich namentlich auch durch prompte Termine für die Ge= sammterledigung, deren Einhaltung sie der Verwaltung zur Pflicht machen, auszeichnen, und empfehlen sie einfach als Vorbild.

„Zweifelhaft dagegen mag es erscheinen", fährt das gr. Han= delsministerium sodann fort, ob „die bisher in Uebung gewesenen polizeilichen Taxen für den Verkauf nothwendiger Lebensmittel, der Zwang zur Fortführung der damit befaßten Gewerbe und wo die Taxen nicht von der Obrigkeit regulirt werden, zur öf= fentlich ersichtlichen Angabe der selbstbestimmten Preise" mit dem System der Gewerbefreiheit verträglich sind. Wir bemerken hierauf:

Wissenschaft und Erfahrung haben längst darüber entschieden daß alle obrigkeitlichen Taxen, Zinstaxen und Wuchergesetze nicht minder, als Fleischtaxen, Brodtaxen u. s. w. netto das Gegentheil von dem bewirken, was durch dieselben beabsich= tigt wird. Man kann nicht Werthschwankungen polizeilich be= herrschen, die von Angebot und Nachfrage auf dem großen Weltmarkt abhängen. Jede Einmischung der Verwaltung in Preisverhältnisse kann lediglich nichts anderes bewirken, als die eine oder andere natürliche Hülfsquelle verstopfen und dadurch einen Mangel erzeugen. Ohnehin sind alle diese Taxen nur noch nicht abgeschnittene Ausläufer der mittelalterlichen Hörigkeitsbegriffe und Zinsverbote der kanonischen Gesetze, unter deren Herrschaft ganz Europa in Armuth und Elend schmachtete.

Das freie Mitwerben, die Energie und Thätigkeit der Mit=

lionen Einzelinteressen sind es doch allein, welche alle öffentlichen
Bedürfnisse befriedigen. Von der Wirkung dieser großen Na=
turkräfte der menschlichen Gesellschaft gewinnt man am besten
eine Vorstellung, wenn man Thatsachen bedenkt, wie z. B. diese:
daß London, diese Stadt von dritthalb Millionen Einwohnern
Tag für Tag vollständig verproviantirt wird, so daß Jeder nach
Wahl jede beliebige Nahrung findet, und daß doch keinerlei
Nahrung ungenutzt bleibt und verbirbt, und das alles ohne
irgend eine Vorsorge weder von Seiten des Staats noch einer
Gesellschaft. Der Staat sorgt nur, daß der Markt sicher und frei
sei. Vergleicht man mit dieser bewunderungswürdigen Thatsache
die unvermeidliche Unfähigkeit jeder Armeeverwaltung, auch nur
für die Verproviantirung eines kleinen Corps von einigen tausend
Mann in irgend genügender Weise zu sorgen, so hat man ein
Bild von der staunenswerthen Leistung der frei waltenden Na=
turkräfte des Gesellschaftsorganismus und von der Verkehrtheit,
diese freien Naturkräfte durch irgend eine staatliche oder polizei=
liche Einwirkung ersetzen oder beherrschen zu wollen. Wir sind
deßhalb der Ansicht: Alle Arten von Taxen im obigen
Sinn und alle Verordnungen, welche mit ihnen zusam=
menhängen, sind aufzuheben!

10.

Die zehnte Frage lautet:

„Ist fortan noch ein allgemeines oder ein Interesse des Ge=
werbestandes vorhanden, die Vereinigung aller derer, die eine
gewisse oder verwandte Arten von Geschäften treiben, zu Genos=
senschaften von Staatswegen anzuordnen und einen besondern
staatlichen Einfluß auf dieselben vorzubehalten?“

„Oder genügt es, die Zünfte lediglich in ihrem dermaligen
corporativen Bestand unbeschadet des freien Austrittes zu belas=
sen und überhaupt jede Art gewerblicher Vereinigung oder der
Theilnahme daran dem eigenen freien Willen der Gewerbtreiben=
den anheimzustellen?“

Wir erwidern hierauf:

Die Zunftgenossenschaften, wie sie bisher bestanden
haben, sind unbedingt aufzuheben, nicht aber unbeschadet

des freien Austrittes in ihrem dermaligen korporativen Bestand zu belassen.

Es ist andererseits dem Bedürfniß der Gewerbtreibenden anheimzugeben, ob und wie sie sich zu neuen Korporatio= nen auf Grund des freien Assoziationsrechtes unter Beach= tung der Landesgesetze vereinigen wollen.

Es würde, unserer Ueberzeugung nach, den Handwerkern zum direkten Verderben gereichen, welche in den alten Zunftge= nossenschaften aushielten, nachdem die Gewerbefreiheit und Frei= zügigkeit eingeführt ist. Der Zunftgeist verträgt sich nicht mit dem Begriffe der Freiheit der Arbeit. Genossenschaften welche aus einer gesunden Freiheit, aus einem natürlichen Be= dürfnisse herauswachsen, pflegen unter ihren Theilnehmern den Geist gegenseitigen Vertrauens, gegenseitiger Förderung und Un= terstützung. In den Zünften ist jedoch der Geist des Neides und der Mißgunst heimisch. Der Zunftgeist sucht seinen eigenen Vortheil in der Beschädigung, Verkleinerung oder Störung des Konkurrenten, nicht in gegenseitiger Hülfe und Förderung, nicht in gemeinschaftlichem Zusammenwirken. Der Zunftgeist ist ge= wöhnt, sich mit nichts anderem zu befassen, als mit Streitigkeiten über Gewerbsbefugnisse, mit Störungen und Eingriffen in die Freiheit Anderer. Der wahre Assoziationsgeist betreibt im Ge= gentheil die Vereinigung gleichartiger Kräfte zu gemeinsamen Zwecken. Gewerbtreibende, welche den Zunftgeist, den alten Dämon, nicht los werden könnten, wären unfähig, sich in die neue Freiheit zu schicken; ihr Schicksal wäre besiegelt. Den Gewerbtreibenden ist deßhalb in ihrem eigenen Interesse zu ra= then, so schnell wie möglich sich aus der Zunftgenossenschaft her= auszuziehen, und neue Berührungen mit ganz anderen Gesichts= kreisen und Anschauungen des Lebens sobald wie möglich aufzu= suchen. Mögen sie sich nicht dadurch abhalten lassen, daß etwa die eine oder andere Zunft ein Vermögen besitzt. Schreibt das künf= tige Gesetz nicht vor, wie es bei Aufhebung der Zünfte mit derlei Vermögen zu halten ist, so mögen es die Gewerbtreibenden einer Vorschußkasse, einem Bildungsvereine, oder einer cooperativen Genossenschaft u. s. w. überweisen, nur aber um jeden Preis die Zunft verlassen.

Schon an sich ist es widersinnig, gerade Konkurrenten,

die so leicht und so natürlich mit Neid und Eifersucht gegen ein=
ander erfüllt sind, von Staatswegen zwangsweise in eine Gesell=
schaft zu vereinigen. Ein natürliches Gefühl hält gerade solche
Konkurrenten, falls sie sich nicht über ein gemeinsames Interesse
frei verständigt haben, soweit als möglich aus einander, um nicht
zu Aergernissen Anlaß zu geben. In Oesterreich wird die dort
eingeführte sogenannte Gewerbefreiheit weder eine Wahrheit wer=
den, noch ungetrübten Segen bringen, weil man zunftartige
Zwangsgenossenschaften beibehalten, und sich auch noch die Hinter=
thüre der Konzessionen offen gehalten hat.

Daß übrigens derartige Genossenschaften gleichartiger Ge=
werbe, wie es die bisherigen Zünfte waren, in einem bürgerlich
freien Land kein Bedürfniß sind, zeigt die Erfahrung dadurch
unwiderleglich, daß solche Genossenschaften bei völlig freiem
Associationsrechte in freien Ländern sich niemals bilden. Weder in
Nordamerika, noch in England, noch in Frankreich oder Belgien
u. s. w. sind sie entstanden.

Ganz andere Genossenschaften dagegen tauchen auf, voll von
natürlicher Lebenskraft, und erfüllt von einem gesunden Geiste,
nicht von dem verbitterten Dämon des Neids, der Zwietracht
und der Mißgunst. Zu diesen Genossenschaften zählen wir die
Gewerbvereine, die Vorschußvereine, die Consumvereine, die Ge=
nossenschaften zu gemeinschaftlichem Verkauf der Arbeitserzeugnisse,
die Unterhaltungs= und Bildungsvereine, die cooperativen Arbeiter=
vereine u. s. w.

Zu derartigen Genossenschaften, welche namentlich in Eng=
land in in den letzten Jahren zu vorher ungeahnter Ausdehnung
und Blüthe gelangt sind, werden bei völliger Freiheit auch die
deutschen Gewerbtreibenden sich bald fähig erweisen, und diesen
vom Geiste der Freiheit erfüllten Genossenschaften wünschen
wir eine große Zukunft und den reichen Segen den sie verdienen
und zu finden versprechen.

11.

„Erscheint es für die Verhältnisse unsres Landes angemessen,
oen bereits bestehenden Handelskammern eine gesetzliche Organi=
sation zu geben, auch Gewerberäthe und Gewerbegerichte ein=
zuführen?"

„Welche Einrichtung, und welcher Wirkungskreis wäre ben=
selben zu verleihen?"

„Im Eingang des vorigen Abschnittes ist angedeutet worden,
„wie es nach Aufhebung des Lehr= und Prüfungszwanges um so
„nothwendiger erscheinen möge, Organe zu besitzen, welche an der
„Ausbildung der künftigen Generation der Gewerbtreibenden ein
„werkthätiges Interesse nehmen. Auch für die mannichfachen Be=
„ziehungen des Staates zur Gewerbthätigkeit seiner Angehörigen
„können solche Organe nur von Nutzen sein; ebenso für die Auf=
„rechthaltung der Ordnung zwischen den Arbeitgebern und Arbeit=
„nehmern, überhaupt für die Wahrnehmung und Förderung aller ge=
„meinsamen Interessen des Gewerbestandes größerer Orte oder Bezirke.

„Diese Aufgaben könnten, wenn kein Genossenschaftszwang
„eingeführt wird, den bei uns an manchen Orten schon bestehenden
„Handelskammern und zu errichtenden Gewerberäthen oder zu ei=
„nem gemeinschaftlichen Organ für alle Gewerbe, Handel und
„Fabrikation mit inbegriffen, verschmolzenenen Gewerbekammern,
„welche aus Mitgliedern dieser verschiedenen Gewerbestände zu be=
„stehen hätten, anvertraut werden.

„Dieselben könnten zugleich von dem Gesetze mit der Befug=
„niß ausgestattet werden, Streitigkeiten zwischen den Arbeitsherrn
„und ihrem Hilfspersonal auf den Grund der abgeschlossenen Ver=
„träge, oder des Herkommens oder der an dessen Stelle tretenden
„obrigkeitlichen Satzungen in erster Instanz summarisch zu ver=
„handeln und zu entscheiden, also zugleich in der Eigenschaft von
„Gewerbegerichten thätig zu sein. Wegen dieser richterlichen Thä=
„tigkeit müßte dem Staate eine Einwirkung auf die Ernennung
„der Mitglieder vorbehalten bleiben.

„Im Uebrigen wird die diesen gewerblichen Behörden zu ge=
„bende Einrichtung wesentlich von den desfallsigen Ansichten und
„Wünschen des Gewerbestandes selbst, denen nun entgegen zu sehen
„wäre, abhängig sein."

Soweit das Großh. Handelsministerium.

Unserer Ansicht nach muß ein kleines Land, wie unser Groß= herzogthum, auf dem Felde der Gesetzgebung keine Neuerungen versuchen, welche sich anderswo nicht schon bewährt haben. Das Institut der Gewerberäthe, nach welchem in den vierziger Jahren die zünftigen Gewerbe verlangten, hat sich bis jetzt nir= gends bewährt. In Preußen, wo es seit 1849 in's Leben ge= rufen wurde, wünscht man das ganze Institut je eher desto besser wieder gänzlich los zu sein. Auch der Mannheimer Gewerbe= verein hat in den vierziger Jahren um dieses Institut petitionirt und mit großer Sorgfalt einen Entwurf für dasselbe ausgearbei= tet. Schon nach wenigen Jahren hat er selbst eingesehen, daß es ein Glück war, daß seine Wünsche nicht in Erfüllung gegangen sind.

Unter der Gewerbefreiheit verwischen sich die Grenzen, durch welche heutzutage Fabrikation, Handel und Handwerk von ein= ander geschieden sind. Jeder selbstständig etablirte Handwerker ist Fabrikant, und hat alle Rechte eines solchen; jeder Fabrikant, der nicht aus eigener Wahl lediglich auf Bestellung arbeitet, ist nothwendig zugleich Handelsmann, und hat alle Rechte eines solchen. Handel und Gewerbe können daher nur eine gemeinschaft= liche Vertretung finden. Deßhalb stimmen wir für die gesetzliche Organisation von verschmolzenen Gewerbe= und Handelskam= mern. Viele Länder, selbst Bayern nicht ausgeschlossen, sind hierin schon vorangegangen. Es wird jedoch wünschenswerth sein, daß das Gesetz nur die allgemeinen Principien aufstellt, und nicht auf Specialitäten eingeht, damit den so sehr verschie= denen Bedürfnissen der einzelnen Bezirke oder Städte in der Ausführung Rechnung getragen werden könne. Für die größeren Städte werden besondere Gewerbe= und Handelskammern immer Bedürfniß bleiben. Sie müssen eine freigewählte Repräsentation der Gewerbtreibenden und Handelsleute des Ortes sein. Wäh= ler sollte jeder zahlungsfähige unbescholtene Bürger sein, der ein selbstständiges Geschäft mit Gehülfen oder Arbeitern führt. Als Wahlmodus empfiehlt sich der indirekte. Die Befugnisse dieser Gewerbe= und Handelskammern sind durch ihre Natur von selbst vorgezeichnet, und es bedarf keiner künstlichen Beschränkung derselben. In allen Dingen, welche nicht ohne die Mitwirkung der Staatsgewalt oder gesetzgebenden Gewalt ausführbar sind, sind sie darauf angewiesen, um die Mitwirkung und Genehmigung der

Staatsbehörden nachzusuchen. Im übrigen sind sie für die gemeinsamen Angelegenheiten der ·Gewerbe und des Handels des
Ortes die administrative Behörde. In ganz gleichem Sinne
sind außerdem Kreis=Gewerbe= und Handelskammern
Bedürfniß, welche besondere Vertreter zu Berathungen über ge-
meinsame Landesangelegenheiten in Sachen des Handels und der
Gewerbe alljährlich Einmal zu einem Gewerbe= und Handelstag
des Landes· abordnen können.

Die Beschlüsse des letzteren haben kein anderes Gewicht, als
welches ihnen dadurch von selbst zufällt, daß sie dem· Gesammt-
bedürfnisse Ausdruck geben.

Diesen Gewerbe= und Handelskammern würden richterliche
Befugnisse ·nicht zukommen und es wäre deßhalb auch nicht nöthig,
daß dem Staate eine Einwirkung auf die Ernennung der Mitglieder vorbehalten bliebe.

Für die kurze und sachkundige Entscheidung von Geschäfts-
streitigkeiten ist die Errichtung von eigentlichen Handelsge-
richten zu wünschen, und es ist für dieselben am zweckmäßig-
sten, das französische Vorbild zu wählen, da sich die französischen.
Handelsgerichte seit einer Reihe von Jahren vortrefflich bewährt
haben, sowohl was ihre· Zusammensetzung und ihre Befugnisse,
als· was das Verfahren betrifft, welches sie einhalten.

Ebenso haben· sich in Frankreich trefflich bewährt die Con-
seils des Prud'hommes, eine Art Friedensgericht oder Schiedsgericht ·für die Streitigkeiten zwischen den Arbeitgebern und
Arbeitnehmern. Sie sind zusammengesetzt aus gewählten Ver-
tretern sowohl der Unternehmer als der Arbeiter. Es ist uns
nicht bekannt, daß in einem anderen Lande sich irgend eine andere Institution zu gleichem Zwecke als tauglicher erwiesen hätte.
Wir würden deßhalb vorschlagen, daß in jedem Kreise ein Han-
delsgericht, und ein· gewerbliches Schiedsgericht nach dem Vorbild
der genannten französischen Institutionen, so weit sich dasselbe
auf unsere· Verhältnisse ·übertragen läßt, eingerichtet würde.
Die Mitglieder der Handelsgerichte könnten von den Gewerbe-
und Handelskammern der Staatsbehörde zur Bestätigung vorge-
schlagen werden, oder noch besser von den Wahlausschüssen, welche
auch die Mitglieder der Gewerbe= und Handelskammern selbst zu
wählen haben.